墨學——理論與方法

李賢中◎著

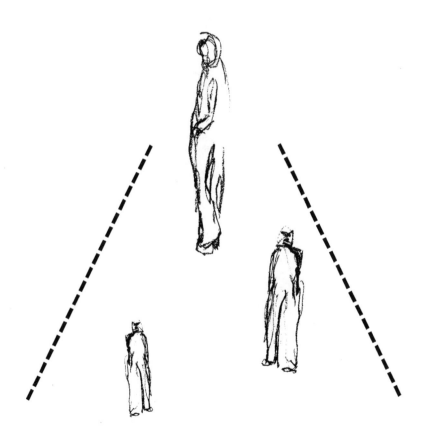

序

　　墨學是先秦時代的顯學，在中國哲學發展的過程中，沈寂了相當長的一段時間，直到清代中期之後，由於經歷西方文化的衝擊，才逐漸受到知識份子的重視，學術界也興起了對墨學研究的興趣。墨學既可稱之爲「學」，自有其理論與方法；理論是以合理的方式觀察、把握、分析現象，論述現象中的問題、意義與解決之方案。方法，則是達到特定目標之路。此「路」在本書包含著三方面的意義：首先，是呈現墨學思想內涵的理路；由於此理路之呈現與研究者有密切的關係，因此，第二，必須探究墨學研究者在研究方法上的理路；再者，是指出墨學核心思想「兼愛」理論，在現代與未來可能的發展之路。

　　學術的研究，一方面有其批判性，另一方面也有其傳承性；本書撰寫的理路，首先就是由台灣這五十多年來墨學研究的情況入手，發掘學者們研究的主題、重點及研究的方法爲何？因爲一項學術研究，必須先了解之前的學者在此一研究領域，已達到怎樣的成果，藉著前人既有的成果繼續發展下去。

然而，這種發展必須是有所批判的繼承，中國社科院的譚家健教授，在一九九九年第四屆國際墨學研討會中發表〈近二十年中國內地之墨學研究〉一文中指出：「晚出版的書與早出的書相比，面孔有些相近，給讀者似曾相似之感。」究其原因，乃在於有關墨學的著作其敘述之框架往往差別不太大。這提醒了筆者，必須注意研究方法與表述方式的多元性與創新性。所謂「工欲善其事，必先利其器」，由於研究目的不同，其研究方法也會不同；也因著研究方法的差異，會影響到研究成果的差異。如果要有別於現有的研究模式，不落入大同小異的墨學面貌，必須著眼於研究方法的掌握與創新。因此，個人在回顧了台灣五十多年來的墨學研究後，藉著對中國哲學方法問題的反省，掌握了墨家哲學的開墾之路，嘗試以新的方法觀察墨學之內涵，並將傳統所謂的「墨子十論」以系統問答方式，呈現其思想的基本結構；進而推出墨學思想可能的擴展。

　　在《墨辯》的方法研究方面，本書將《墨辯》分為：名辯、科學與倫理等部門。指出三者之間的密切關係，其中名辯思想是工具，科學思想是應用，而倫理思想則是價值導向。科學、倫理都需要名辯為工具以認知、表達；科學思想呈現物質事實、變化律則，而倫理思想則導引科學思想之進展。

　　由於倫理思想在墨學中的重要性，因此特闢專章探討《墨子》「兼愛」倫理學，多方收集資料，創新轉化，為求理論的深入，內含以「天志」為根源的價值論、情境認識論、推類方法論及權衡利害的道德實踐等部分。之後，更進一步將「兼愛」與西方的「寬容」、佛教的「慈悲」以及儒家的「人文思想」

相比較、整合，以凸顯「兼愛」在其他理論系統中的特色與不足之處。

　　研究古代的思想，其目的並非僅止於明瞭古人的思想，更在於如何把握其思想精神，並以現代的語言重構其理論，進而使其可應用或有助於現代生活。因此本書最後一章，則是對墨學研究的各方面作一反省與展望，指出墨學統合科學精神與人文價值的理論特色，及其在中華文化整體發展上的現代意義，乃至墨學在世界倫理中可能有的影響。

　　本書各章節，是筆者近幾年於海峽兩岸相關研討會、學報與學術期刊上所發表之系列論文，經重新貫串改寫、集結成冊。本書得以完成，要感謝學術界的前輩先進，他們豐富而精湛的研究成果，指引我投入此一領域的研究。也因著同道們的多方指教、討論切磋，使我終能逐年累積心得，完成此書。

　　此外，也要特別感謝家人多年來持續的支持與鼓勵，妻子與三個子女伴隨著我學問與生命的延展。「愛」是墨家所重視與強調的，在我寫作的過程中，充分體會到家人、朋友對我的「愛」，也希望自己在教學、研究上的一點成績能回報他們的愛；更期待墨子「兼愛」、「興天下之利」的理想，能在我們生活的世界中，受到更多人的重視，因為生命中最寶貴的就是「愛」。

　　「愛」需要的是行動，而不是口號；「愛」需要的是實踐，而不只是理論。然而，沒有理性導引的「愛」往往會流於溺愛與縱容，如此愛之適足以害之，這是我們在行動、實踐時，必須小心避免的。「墨學」之路是一條「愛」之路，基於

「愛」而走向「愛」，由個人的私愛發展全人類的大愛；從青稚情欲的愛走向成熟理性的愛。本書所涉及的許多理論層面，仍是筆者經常思考的問題，理論本身有它不足之處，理論的建構也必然有所疏失，懇請學界先進不吝指正。

李賢中　謹識

目　錄

第一章
台灣墨學研究五十年來之回顧

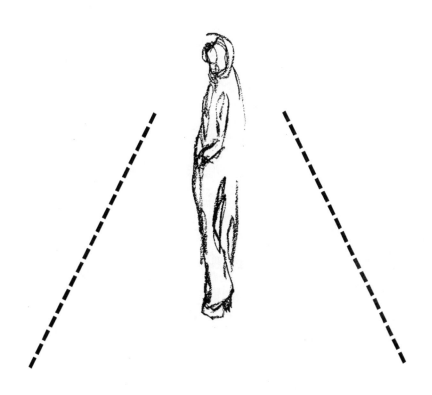

第一節　墨學研究的主要內容

一、概況

　　回顧半世紀以來台灣研究墨學的情況，若與研究儒家、道家的情形相較，顯然是比較少的，在各大學所開設的課程中，有關「墨學」的也不多。不過從整體的發展來看，五十多年來台灣的墨學研究，不論在質或量方面都有大幅的成長。

　　自一九五一年嚴靈峰先生發表〈儒墨道三家邏輯思想之比較研究〉一文，及王寒生的《墨學新論》一書於一九五三年出版後，五十多年來，台灣學者出版有關墨學的書籍有七十多種，發表的論文將近五百篇。[1] 在這些專著與論文中，有關墨子國籍、生平、事蹟、思想淵源及墨子書的考證性作品有三十餘篇；有關「尚同、尚賢」、「節用、節葬」、「非樂、非命」等政治、社會、文化方面的論著各有十餘篇，合計約五十篇；

---

1 根據中央圖書館書目、期刊資料及史墨卿〈中國歷代墨子論文索引〉（《書目季刊》，17卷1期，頁A22-A58，1983年6月）、陳忠信〈中國近十年墨子論文索引〉（《中國國學》，20期，頁257-264，1992年11月）、嚴靈峰《墨子知見書目》（台北：學生書局，1969）、《周秦漢諸子知見書目》（正中書局，1977）及史墨卿《墨學散論》附錄二「中國最近十年墨子論文索引」（高雄：復文圖書出版社，2002）等資料統計。

有關「尊天、事鬼」宗教天、帝方面的論題也有二十餘篇；有關「兼愛、非攻」道德、教育、戰略等方面的著述約有五十篇，其中專門探討兼愛思想的論文就有三十多篇。此外，有關墨經或墨辯思想的研究專著也有四十餘篇；其他從不同範疇，如：文學、歷史、法律、科學、經濟、軍事、宗教來探討墨學相關思想，或由人性觀、宇宙論、知識論、方法論、心理學、生理學、生死學等觀點探索墨學的相關論文以及綜合性的概論、墨學精神、價值觀等相關作品合計近二百餘件，最後，還有一種類型的著作，是將墨學思想與其他不同思想相互比較的文章也有三十餘篇。在比較的對象上，於西方有和亞里士多德自然哲學、理則學、《聖經》中的博愛思想及西方上帝觀念等做對比。在中國比較的對象則包括：與儒家、道家、法家、名家，乃至於佛教、道教的思想對比，此外，在諸子思想方面，與管子、孔子、孟子、楊朱等也都有論文探討，真可謂包羅萬象。這也可見墨學本身可發展性的龐大潛力。

　　學術的研究是不斷向前發展、繼往開來的過程。因此，以時間的段落做為學術研究的分野，並不是意味著這時段中的學術思想有其必然的獨立性。例如：李紹崑先生一九五三年在《恆毅月刊》所發表的〈「大馬克思」－「小基督」－墨子〉一文就是對梁啓超《墨子學案》中某些觀點的批評；[2] 如果沒有前人的努力成果，以後的學者也就無法做進一步的研究。又像：史墨卿先生一九七二年於《中華文化復興月刊》發表的

---

2 李紹崑，《墨子研究》（現代學苑月刊社，1968），頁1-9。

〈墨子天論〉，其中也提到了蔡子民、梁啓超、胡適、陳柱等人對墨子書中「天」的看法；[3] 倘若不參考前人的思想，也很難歸結出作者自己的觀點。因此，本章雖以時空因素界定「墨學研究」此一主題，但在思想傳承上，這一探討範圍並不是孤立斷離的。此外，本章希望呈現這一主題的特殊性，不論在墨學研究的內容、方法及成果各方面，可看到台灣學者這幾十年來所努力的方向，與一些成果，盼有助於墨學未來更深廣之發展。

二、台灣墨學研究的主要問題

大體而言，台灣墨學研究所關切的主題包括：墨子的國籍、《墨辯》的作者、墨子的「天」是否為基督宗教的上帝，及「兼愛」是否為墨學中心思想等問題。

1.墨子國籍

首先，台灣的學者對於墨子國籍問題的考證上有一定的關注，如一九六八年嚴靈峰的《墨子簡編》就闢有專章，對「現存墨子諸篇內容之分析及其作者的鑑定」予以分析。[4] 馮成榮一九八〇年出版《墨子行教事蹟考》[5] 則對墨子生平、重要事

---

3 史墨卿，《墨學探微》（台北：學生書局，1978），頁 10-16

4 嚴靈峰，《墨子簡編》（台北：商務，1968年初版，1995年二版），頁 5-21。

5 馮成榮，《墨子行教事蹟考》（台北：文史哲出版社，1980）。

蹟、國籍、著述、傳授組織、思想淵源等課題皆做詳盡考證，並引錄前人與時賢在該課題上之見解予以比較批評。在論文方面，自一九五五年十月，宋成喾於《大陸雜誌》發表〈墨子爲齊人考〉一文之後，李紹崑一九五六年十二月則於《大陸雜誌》發表〈墨子非齊國人說〉，分別舉證從墨子的住地、墨子的弟子、墨子與齊王的關係，及由孟子、語文等觀點皆不足證成墨子爲齊國人。一年多後宋成喾於一九五八年一月再於《大陸雜誌》發表〈墨子爲齊國人續考〉一文，他引《墨子》〈魯問〉篇、〈公輸〉篇、〈兼愛中〉、〈非攻中〉及引干寶《搜神記》、《太平御覽》的相關資料佐證墨子爲齊國人，並稱：「墨子爲齊國人，鐵案如山，而不可動搖。」至一九五八年十二月，李紹崑續於《恆毅月刊》發表〈再說墨子非齊國人〉一文指出：「宋君所舉各證，充其量也不過能說明墨子與齊國關係較多而已。」至於墨子的國籍究竟爲何？李紹崑當時認爲：「究竟他是哪一國人呢？墨學先進們盡過最大的努力，作過多方面的考證，然而時至今日（一九五八年）仍舊沒有獲得一個決定性結論。」[6]但之後的墨學研究者，如：薛保綸、周長耀、李漁叔、馮成榮、蔡仁厚、王冬珍、陳問梅等學者皆認定墨子爲魯國人。有關墨子的國籍問題，可說是台灣五十多年來墨學研究的第一場論戰。

　　有關墨子國籍問題的探討，可以顯示學者們不但要在起源上確立《墨子》爲可信可讀之書，並且嘗試從墨子時代的文

6 李紹崑，《墨子研究》（現代學苑月刊社，1968），頁43。

化、傳統等相關外緣因素來解讀墨子的思想。釐清墨子的國籍
何以重要？因爲春秋時期各國之文化傳統各不相同，不同的國
籍對於思想之淵源與傳承必有相關的影響，雖然早期的學者對
於墨子的國籍仍無法確定，但是在研究過程中的論戰卻有助於
問題的澄清。

2.《墨辯》

　　有關《墨辯》的研究在台灣也有一定的成果，其論題環繞
在《墨辯》作者、思想內涵、思考方法、表達方式之外，也有
許多論文探討墨家與名家相互誓應的相關問題。

　　關於《墨辯》的作者問題，嚴靈峰認爲〈墨經上、下〉爲
墨翟自著，其根據在於：(1)此經不稱「子墨子曰」；(2)爲辭
類定義之體；(3)《晉書》〈魯勝傳〉云：「墨子著書，作辯經
以立名本。」又云：「《墨辯》有上、下經，經各有說，凡四
篇。」及《莊子》〈天下篇〉云：「相里勤之弟子，五侯之
徒，南方之墨者，苦獲、已齒、鄧陵子之屬，俱誦《墨經》，
相謂別墨。」[7] 至於〈大取〉、〈小取〉嚴氏認爲皆非墨子自
撰，乃其後學所作。因〈大取〉篇說：「天下無人，子墨子之
言也，猶在。」及〈小取〉篇中有言：「世有彼而不自非也，
墨者有此而非也。」如此，既舉「子墨子之言」與「墨者」，
可見〈大、小取〉非墨翟所作。

　　李漁叔雖引晉·魯勝、明·宋濂、清·畢沅、孫詒讓，及

---

7 嚴靈峰，《墨子簡編》（台北：商務，1968年初版，1995年二版），
　頁9-10。

胡適、梁啓超等諸人之說，但其最後所下的結論並無十分把握，僅謂「〈大取〉和〈小取〉兩篇與〈墨經上、下〉四篇，如不是墨子自撰，至少也是墨子生前或稍後，及門弟子筆錄而成的」[8]。

勞思光則就《墨經》內容，名家公孫龍、惠施之論題，以及《莊子》〈天下〉篇所述，研判〈墨經上、下〉及〈經說上、下〉必在公孫龍立說之後方成書，且必在《莊子》之後，〈天下〉篇之前。〈大、小取〉亦然，其作者必爲墨家之後學。《墨經》及〈大取〉、〈小取〉中之理論及觀點，亦與墨子本人無關，而爲後出之研究成績。[9]

陳癸淼在其《墨辯研究》一書中，除一一舉證駁斥《墨經》爲墨子自著的理由外，並做以下之推測：「《墨辯》不出於墨子之手，而出於後墨之手，此其一。所謂後墨，包括有鉅子及一般墨徒在內。所以《墨辯》是集體創作的結晶，此其二。所謂集體創作，是以有組織、有計畫的方式爲之，還是自然的累積，則不易決定，此其三。《墨辯》產生之時代，可能延續甚長，而以莊子、惠施至韓非這一段時期爲主，此其四。」[10]陳癸淼也根據孫詒讓的《墨子閒詁》爲主，校釋了〈經上、下〉，〈經說上、下〉及〈大、小取〉兩篇。此外，他也分別由倫理學、知識論、邏輯思想、辯論學、宇宙論、科學、論人

8 李漁叔註譯，《墨子今註今譯》（台北：商務印書館，1974），頁20-23。

9 勞思光，《新編中國哲學史（一）》（台北：三民書局，1981年初版，1991年六版），頁306-309。

10 陳癸淼，《墨辯研究》（台北：學生書局，1977），頁315-322。

等範疇，分門別類的研究《墨辯》，其書雖仍有值得探究的觀點，但其內容相當豐富且具一定之學術價值。

此外，有關《墨辯》的研究作品中，還有一本相當出色的著作即鐘友聯《墨家的哲學方法》一書，[11] 此書是融合了墨學之《墨辯》來談墨家的論證思想，其內涵有助於讀者見到墨家論證思想的連貫性，其內容包括：三表法、「兩而進之」、例證與反例的論證形式、譬喻與類比論證、還原論證法、詭論與二難式、素樸的歸納法，以及墨家的哲學方法和辯學，鐘友聯並將墨家的三段論式與因明五支式相互比較，指出墨學的論證中也有五支式的簡化形式。在辯學方面，他對辯的界說、功能、原理與方法皆有所說明，並指出「六物式」（辭、故、辟、侔、援、推）的論證形式與特徵，是二十多年前相當能系統性、整體性說明墨家思考方式與表達方式的一本著作。他的指導教授成中英說：「此書指出了《墨辯》論證思想的基礎是以語意的分析為中心，而不是以語法的理解為前提。這就點明了何以《墨辯》沒有走入形式邏輯及形式化的一個重要原因。」[12]

再者，馮耀明的幾篇有關《墨辯》的論文也是相當有成績的研究。他探討了《墨辯》的名實觀、知識理論、論辯說方式

---

11 鐘友聯，《墨家的哲學方法》（台北：東大圖書公司，1976年初版，1981年再版）。

12 鐘友聯，《墨家的哲學方法》（台北：東大圖書公司，1976年初版，1981年再版），頁4。

的限制，以及言辯和眞理問題。[13] 對《墨辯》中的原文做精
闢的解釋，並由當代的語言、分析哲學背景系統的解析，對於
《墨辯》思想的介紹，有很大的幫助。

3.天與上帝

第三個在台灣墨學界引發熱烈討論的問題是：「天與上
帝」。嚴靈峰在其〈墨子的思想體系及其功利主義〉一文裡提
出：墨子的全部思想，並沒有含著形而上的神秘氣息，而且對
一切問題都是從社會的實際生活中去尋求解決。墨子所置立的
「天志」，也不過是他的治國、平天下的「法儀」或工具。嚴靈
峰認爲：墨子的「天」雖然有「意志」，有好、惡，能賞罰；
但這人格化的最高主宰並不能與基督教的上帝劃上等號。因
〈法儀〉篇上的「天」是：「天之行廣而無私，其施厚而不
德，其明久而不衰。」而〈天志〉篇的「天」卻要百姓「犓牛
羊、豢犬豕，潔爲粢盛酒醴以祭祀上帝、鬼、神」，「天」既
責人之報，則非「無私」和「不德」。天還要人間仰給煙火，
又如何能「創造萬物」？百姓不祭祀，就要受罰；怎樣能夠
「不衰」？假使在「天國」那兒還存著要人民「戴高帽」、「送
紅包」的「最高主宰」，它算得上「全能的」和「偉大的」
嗎？其實在〈天志〉篇中早已明言：子墨子之有「天志」，

13 馮耀明，〈《墨辯》的名實觀〉，《鵝湖月刊》，14卷5期，1988年11
　　月；〈《墨辯》的言辯和眞理問題〉，《鵝湖月刊》，14卷7期，1989
　　年1月；〈《墨辯》的知識理論〉，《思與言月刊》，27卷1期，1989
　　年5月；〈《墨辯》論辯說方式之限制〉，《大陸雜誌》，79卷3期，
　　1989年9月。

「置立天志」，這是一種直接的「暗示」。現在竟有人把墨子所描寫的「天」，當做「天國的眞主」；豈不是有意對自己的「天主」加以最大的褻瀆嗎？[14]這是反對以墨子之「天」爲宗教性的上帝，最具代表性的看法及其推論的理由。

　　嚴靈峰所反對的看法，即王寒生在其《墨學新論》中的論述：「墨子所謂天，不是指有形的穹窿的天，乃是指有主宰性的天。如稱天秩、天序、天命、天討、天聰明、天生烝民、天鑑下民，以及群書中所稱的上帝，此與耶穌所稱的天父相同。」[15]與此看法相近的還有：羅光一九五二年出版的《中國哲學大綱》中說墨子的「天」是：「天有意志，天無所不知，天至高至貴，天操賞罰之權，天欲義而惡不義，天爲行政之本，天以下有鬼神」，「大家對墨子『天』都沒有疑惑，都知道他說的天，即是主宰的上帝。」[16]另周若石則云：「在解墨書時，仍依照當時的公規，承認上帝就是天，天就是上帝。」[17]然而，即使墨子的「天」就是上帝，這「上帝」是基督宗教的上帝亦或有其他意義呢？考古人類學教授杜而未說：「天和帝有不少重要分別，至少依古籍是如此。上帝爲殷商的神，並有土地神成分，湯所禱的是上帝。墨子的天與儒家

---

14 嚴靈峰，《墨子簡編》（台北：商務，1968年初版，1995年二版），頁25-32。

15 王寒生，《墨學新論》（民主憲政雜誌社，1953），頁104。

16 羅光，《中國哲學大綱》上冊（台北：商務印書館，1952），頁248-254。

17 周若石，〈對「墨書中的天與上帝」的幾點意見〉，《恆毅月刊》，6卷8期，1957年3月。

的天不同。因墨子的天實即上帝。」[18]可見墨書中上帝與基督宗教之上帝並不相同。

再者,墨書中的天與上帝是否指同一神明?李紹崑在〈答高騰達君(問墨子)〉[19]一文中說:「(1)上帝與山川鬼神並稱;(2)上帝與天分稱;(3)人們祭祀的是上帝鬼神,而賞賜的卻是天。」是故李氏主張「天和上帝在墨書中是指兩個不同的神」,其主要的根據是:〈天志〉上、中、下各篇對天與上帝的描述,其中〈天志中〉有:「大誓之道曰:紂越厥夷居,不肯事上帝,棄厥先神祇不祀,天亦縱棄紂而不葆」。及〈非攻下〉:「臣事上帝山川鬼神……是以天賞之。」,「予既受命於天,天命融隆火於夏之城間西北之隅」。由此可見天較上帝更為尊高。更進一步,如此,天與上帝這兩種不同的神其關係如何?劉宇聲在〈墨子之天道觀〉[20]中認為墨子主張「天是萬有的最終基源,可是和上帝是無相屬關係而獨立的。」於此,李紹崑在其〈墨書中的天與上帝〉一文中表示:天與上帝彼此是有從屬關係的。其推論根據在於前引〈非攻下〉所云:「臣事上帝山川鬼神」,照理是當由「上帝山川鬼神賞之」,然而墨子卻說:「是以天賞之」,既然上帝與天分稱表示兩者不同,但人與其一的對應關係卻可導生人與另一之對應關係,由此可證上帝與天應有從屬關係,才合情理。

此外,史墨卿的〈墨子天論〉將歷來學者對墨子之「天」

18 杜而未,《中國古代宗教研究》(華明書局,1959),頁222。
19 李紹崑,《墨子研究》(現代學苑月刊社,1968),頁1-9、25。
20 劉宇聲,〈墨子之天道觀〉,《恆毅月刊》,5卷1期,1955。

的看法分爲三派：[21] 一謂墨子之「天」即主宰之神。二爲反於是者，謂墨子之「天」乃爲民意。三爲折中之論者，一則認定墨子之「天」，爲主宰之神明，然又附加說明，言其藉天鬼以行其說。至於史墨卿個人對墨子之天的看法是：墨書之「天」，雖有神性而不周延，但其爲「有意志」而「賞善罰惡」是無可置疑的。至於「天」在墨子思想中的作用究竟爲何？史墨卿的看法則較接近嚴靈峰先生，他認爲墨子是以「天」爲統一天下之工具，以「天」爲推行其學說之手段，而較認同於第三派之說。其主要根據乃引〈魯問〉篇墨子對其弟子魏越之言曰：「凡入國，必擇務而從事焉：國家昏亂，則語之尚賢尚同；國家貧，則語之節用節葬；國家憙音湛湎，則語之非樂非命；國家淫僻無禮，則語之尊天事鬼；國家務奪侵凌，則語之兼愛非攻；故曰擇務而從事焉。」史墨卿說：「我們單看『國家淫僻無禮，則語之尊天事鬼』之語，則墨子言「天」之立意所在，自不待言而明之矣。」[22]

有關「上帝與天」在台灣墨學界的探討十分熱烈，前後有二十幾篇文章討論相關的問題。諸學者有其自己的觀點與看法，各與其研究立場、方法有關，於下節再予詳述。

4.兼愛

第四個探討焦點則是：有關「兼愛」的問題，台灣的學者

---

21 史墨卿，《墨學探微》(台北：學生書局，1978)，頁11-24。
22 史墨卿，〈墨子天論〉，《中華文化復興月刊》，5卷7期，1972年7月。

從不同的角度剖析兼愛觀念的內涵及其在墨學思想中的地位。
許逖依俞樾《墨子閒詁》序云：「其實全部墨子思想以兼愛為
本，論墨子不談兼愛，終免不了捨本逐末之譏。」[23] 又如李
漁叔，則十分讚成梁啓超對「兼愛」的看法，在其《墨子今註
今譯》〈墨學導論〉中就引梁啓超之語：「墨學所標綱領，雖
有十條，其實只從一個根本觀念出來，就是兼愛」。李漁叔並
言：「孟子生平闢墨最烈，而其批評墨子：『摩頂放踵利天下
而為之。』則可算得十分知己之談。我們知道一個人以極微小
之身，為什麼要利天下，那不過是基於這一顆愛心，至於摩頂
放踵為之，則更是出於愛心的擴大，古今賢聖人談笑刀叢，身
甘慘戮的，不知凡幾，皆是推這一念而為之。」[24] 李漁叔的
學生，王冬珍也持相同的主張，認為「兼愛」是墨子學說的中
心，在他《墨子思想》一書中，綜合墨子書內容，將兼愛真義
歸納為四：(1)全體周遍的愛；(2)無條件的愛；(3)涵利的愛；
(4)平等無差別的愛。[25] 以上皆對墨學「兼愛」持正面評價之
看法。

　　但就做為墨學之根本觀念的地位而言，陳問梅則持不同的
主張。他在《墨學之省察》一書中指出：「按梁氏，所謂其他
的九個觀念都由兼愛發出來，其理路大抵有三：(1)是從兼愛
之內容與其他觀念中有可以相通而說的；(2)是從兼愛之實利

23 許逖，〈從墨子學說的本義解釋兼愛〉，《國魂月刊》，246號，1966
　　年3月，頁35。
24 李漁叔註譯，《墨子今註今譯》（台北：商務印書館，1974年初版，
　　1988年六版），頁7。
25 王冬珍編著，《墨子思想》（台北：正中書局，1987），頁9-13。

標準與其他觀念之關聯而說的；(3)是從其他觀念中有可以作
為推行兼愛之工具而說的。其理路並不一致，故其說也是不正
確的。」[26] 陳問梅指出：兼愛本身是建立於「天志」之上
的，而天或天之意志，是以「義」為其本質，「義」也是天之
意志的全幅內容，因此，這一個可為法儀的天之意志，就只能
以「義」為其理想之源、價值之根的實體。「義」是超越世界
與現實世界交接的一個實體，天之所以為天的，只在這一個
「義」，人之所以為人的也只在這一個「義」。以「義」溝通天
人，而用以拯救天下。依陳氏看來這正是墨學之所以為墨學之
處，也正是墨子之所以為墨子之處。因此，「義」才是墨學的
根本觀念，而「兼愛」在墨學中的地位並不及於「義」，換言
之，墨學的諸觀念皆可統一於「義」，而非「兼愛」。陳拱（陳
問梅）批評「兼愛」觀念的粗淺，他說：「一方面，墨子對人
們所以不相愛的最後原因，如私心、私意和私欲之作祟，並沒
有深切的反省，另一方面即對於其所提倡的兼愛之『愛』本身
亦缺乏深切的反省。」[27]

　　蔡仁厚更直接指出墨子沒有人性論，所以對於心性問題沒
有正面涉及，他也同樣肯定出於天的「義」是墨學十大觀念的
中心觀念，但由於墨子並沒有清楚的察辨心性之義與天之義兩
者之間的不同，出於天之義的「兼愛」作為抽象的原則雖無庸
置疑，但是一落入具體實踐則大有問題，蔡仁厚於其《墨家哲

26 陳問梅，《墨學之省察》（台北：學生書局，1988），頁270-271。
27 陳拱，〈仁愛與兼愛問題疏導〉，《東海學報》，6卷1期，1964年6月，頁67-77。

學》中提出：「『兼愛』是違背人之常情，亦違反人倫常道的。須知人倫關係本有親疏遠近，所以人情亦自然有厚薄之分，而施情之時的差等先後實乃天理之序亦是人情之節；……而墨子直接教人視人之親若己之親，則是反天理之序與人情之節的。不肯定人可以先愛己之親，而只教人兼愛天下之親，則人皆將生起不安之情——這是人人當下反求於心，而莫不皆然的。據此可知，要想具體而徹底地實行兼愛，是有事實上的困難。」[28] 蔡氏顯然是由儒家的推愛立場來看兼愛，以儒家的心性論觀點來看墨家之心性問題。

有趣的是在同一時期師大國文研究所有一篇林俊哲所作的論文〈墨子兼愛思想之研究〉[29] 其第二章第三節的標題就是「兼愛思想之心性基礎——仁」，他引〈所染〉篇所述指出：墨子對人性的觀照有兩點：(1)人性無善惡，染於蒼則蒼，染於黃則黃；(2)人性可由後天之啓發、誘導、培養、節制或加以塑造。……《墨子》書中言心性者雖少，但並非墨子對人性之自覺不足，而是對心之知識層較爲重視，所謂的「義行」必以知識爲前導，如果只有不安、不忍之心的發動，而無理智的操持，則其結果只能流於「意氣用事」「好勇鬥狠」之行爲，而墨子書中論智者殊多，其「知」之一字，出現三百多次，可證墨子之重智識。由此論證，「知」又爲「義」之前提。〈經

28 蔡仁厚，《墨家哲學》（台北：東大圖書公司，1978年初版，1983年再版），頁44-45。

29 林俊哲，〈墨子兼愛思想之研究〉，《師大國文研究所集刊》，20號，1976年6月，頁391-410。

上〉：「仁，體愛也。」林俊哲引用唐君毅的看法，認爲兼愛心是人對其仁心所發之愛，才加以自覺，即以理智把握，而順理智心依類而行，向前直推所成之心。故兼愛思想之心性基礎爲仁，透過理智彰顯。

此外，王讚源教授對於墨子的人性論也有深刻的看法，他認爲兼愛的理論根據就在於墨子肯定：

(1) 人性是自私的，自愛自利或人與人相賊、相害，都是起因於自私，墨子提出「兼愛」的思想就是要解決人性自私的問題，但他的解決之道並不是祛除自私心，而是要滿足人與人的自私心，這才是兼愛主義的深層義理，他指出〈大取〉就明白的說：「愛人不外己，己在所愛之中。」墨子也引《詩經・大雅》：「投我以桃，報之以李」，來說明「兼相愛交相利」是「禮尚往來」是相愛相利。可見兼愛是要滿足人與人彼此的自私，而不是要祛除人的自私心。

(2) 人性是能感應的，墨子說：「夫愛人者，人必從而愛之。利人者，人必從而利之。惡人者，人必從而惡之。害人者，人必從而害之。」（〈兼愛中〉）這表明人性必能感通、感應。而人性必能感通、感應，正是自私心能被轉化或導引的基礎。人的自私心能因感應性而被轉化，才能以「相愛」代替「不相愛」。[30]

30 王讚源，《墨子》（台北：東大圖書公司，1996），頁193-196。

有關墨子之「兼愛」其來源有四：(1)天志；(2)先聖先王之行兼愛；(3)人性知之層面，向前把握之愛；(4)自私及感應的作用。而以天之兼愛萬物為法儀，以公利為依歸。

　　至於儒家，林俊哲認為儒家是以仁民愛物、博施濟眾為依歸，所謂仁愛、兼愛只是取法不同。另有陳維德所撰之〈墨子兼愛探微〉一文對於儒墨之動機、理論根據及對象、方法有所析論，亦持相似之看法。[31]陳維德認為：儒家仁愛之動機，在於道德之自覺；而墨子兼愛之動機，則在救天下之亂。儒家倡導仁愛之理論根據，係建立於倫理觀念與人道思想上，而墨家兼愛之理論根據，則建立於天志觀念與功利思想之上。有此二基本上之差異，故其施愛之對象，一為天地萬物，一則為全人類；其施愛之方法與順序，一為推己及人，因而由近及遠，由親及疏，且有輕重之分，先後之別，是為有差等之愛。一則為將其愛心，不分輕重，不別先後，同時加之於全人類，是為齊一而無差等之愛。

　　有關「兼愛」思想探討的專論，前後也有三十多篇，是台灣墨學研究中相當受到重視的一個論題。

5.關於教育與文化

　　台灣學者對墨學中「教育思想」，有一定程度的重視，因此也有許多專著、論文探討此一課題，在教育方面考察的觀點包括：墨子教育之哲學基礎、教育之目的、教學之方法、教學

---

31 陳維德，〈墨子兼愛探微〉，《台北市立女師專學報》，5號，1974年5月，頁32。

之教材及與儒家教育思想的比較等等。

在教育的哲學基礎方面，馮成榮認為墨子的教育是以宗教哲學為基礎，之所以會以宗教為基礎，乃是因為人類本性自私自利。可惜他並未充分論證此一觀點，只說：「墨子的教育為何要以宗教為其基礎呢？這與基督教教義頗為近似，認為凡是人類均是罪大惡極，自私自利……墨子教人必須法天。如法父母，則父母有不仁者，如法君，則君有不仁者，故法天最好最公正。」[32] 此外他在談到墨子的教育理論方面又分析為四：重視品德教育、重視求知方法、重視實踐力行以及重視個性教育。王冬珍在其〈墨子之教育理念〉一文中提到墨子的教育觀點，也有相似的看法，他認為墨子著重：有道相教、法天順天以及個性發展。[33] 其中馮、王二人皆肯定墨子所重視的「個性教育」、「個性發展」，他們的推論根據是墨子〈耕柱篇〉所云：「譬若築牆然，能築者築，能實壤者實壤，能欣者欣，然後牆成也。為義猶是也，能談辯者談辯，能說書者說書，能從事者從事，然後義事成也。」

在另外一篇政治大學哲學系林萬義先生所作〈墨子教育思想之研究〉一文中卻有大不相同的看法。他從「尚同」的觀點引申：「在威權統治下的極權社會體系，人人皆以上一層級者之意志為意志，全然漠視個性，個體隨時受外界干涉，故人們

---

32 馮成榮，《墨子生平及其教育學術之研究》（台北：文史哲出版社，1976），頁93。
33 王冬珍，〈墨子之教育理念〉，《東方雜誌》，復刊14卷1期，1980年7月，頁49-50。

實毫無自由意志可言，個性既失，人性尊嚴不存的思想，這可
能是墨家自秦統一天下後，即銷聲匿跡，少有人倡導研究，以
迄於清季之因。」[34] 此外，林萬義指出：墨子的教育思想是
由功利與權威主義出發，其教育目的在培養「兼以易別」之仁
人君子，教學科目爲五藝（禮、射、御、書、數）及自然科
學、理則學、經濟學等。教學方法，依其知識理論，則爲重視
外在經驗印證之直觀教學，注重步驟、層次，強調學習者之主
動學習，以及教學環境之布置。訓育方法採外在誘因之獎懲辦
法，以期變化氣質，惟稍帶迷信神秘色彩。[35]

於教育方法上，王冬珍則分修德與教學兩方面探討，教學
部分與林萬義所強調的知識理論、言辯方法、三表法等略同之
外，還提出「求其所以然」與「述作並重」兩特點。在修德方
面則點出：貴義尚行、觀察動機、賞善罰惡等。馮成榮之書出
版較早，在墨子之教學方法上卻有較廣泛之把握，包括：歷史
考證教學法、實驗求證教學法、哲學推理教學法、動機觀察教
學法、賞罰並重教學法、以身示範教學法等六項。[36] 但這些
看法仍可追溯到更早的一篇論文，即李紹崑一九六五年於《恆
毅月刊》所發表的〈墨子的宗教教育思想〉第四章「墨子的教

---

34 林萬義，〈墨子教育思想之研究〉，《政治大學學報》，48期，1983
　　年12月，頁214。
35 林萬義，〈墨子教育思想之研究〉，《政治大學學報》，48期，1983
　　年12月，頁171。
36 馮成榮，《墨子生平及其教育學術之研究》（台北：文史哲出版社，
　　1976），頁183-197。

授法」[37]李紹崑引用渥太華大學心理教育研究所比較中心主任雷茂納教授（Dr. A. P. Ramunas）的分類，他將歷代教育家的思想分爲四大類型：(1)以物爲中心；(2)以人爲中心；(3)以國爲中心；(4)以天爲中心。以中國先秦時代的教育家爲例，老莊的教育思想屬於第一類型，孔孟屬於第二類型，申韓屬於第三類型，而墨子則屬於第四類型。孔墨其教育哲學的中心思想各自不同，在教材方面也不一樣，孔門可分爲德行、言語、政事以及文學等四科，墨門則分爲談辯、說書以及從事等三科，李紹崑說：「就所分科系言，孔墨似乎相同，但就科系中的教材言，則又不大相同。若以今日大學各院系的教材來說明孔、墨兩門的科系內容，則孔門的教材都屬文學院，而墨門的教材則分屬於哲學院、文學院和科學院。」[38]林萬義對儒、墨教育思想之相異，指出：墨子重功利（實利）、威權主義，帶有宗教之神秘色彩；儒家則具人文主義色彩。墨子主張教育應徹底平等，儒家則主「有教無類」之教育。由於思想、觀點頗多相異，故兩家曾一再相互抨擊，無法調和。[39]王冬珍以爲儒墨的教育思想取捨不同，各有特色，墨子在春秋戰國時代之教育界，與孔子平分秋色，孔子主張溫故知新，始可以爲

---

37 李紹崑，《墨子研究》（現代學苑月刊社，1968），頁115-124。

38 李紹崑，《墨子研究》（現代學苑月刊社，1968），頁80-88。另見李紹崑，《墨子：偉大的教育家》（台北：商務印書館，1989），頁19-26。

39 林萬義，〈墨子教育思想之研究〉，《政治大學學報》，48期，1983年12月，頁214。

師，墨子主張「述作並重」，始可為君子。身為教師者，皆應奉行此二大教育家之主張。[40]如此說來孔墨的教育思想又是可以並行不悖了。以上即墨學在台灣有關「教育」方面的一些研究概況。

在其他政治、社會與文化等範疇中，涉及〈尚同〉、〈尚賢〉、〈節用〉、〈節葬〉、〈非樂〉等墨子篇章中的思想，學者們在探討這一部分論題時往往會綜合論述，引申發揮，對專注於某一篇的論文、專書則比較少。有些甚至將〈兼愛〉、〈非攻〉、〈天志〉、〈明鬼〉等篇也都合併在一起談論，只是冠以「政治」、「社會」或「文化」等名目。如孫廣德在其《墨子政治思想之研究》中，對於「墨子政治思想之基本精神」一章中指出：[41]由〈兼愛〉、〈尚賢〉、〈節用〉、〈節葬〉、〈非樂〉等篇可見到墨子的平等精神。從〈兼愛〉、〈尚同〉可見到墨子的群體精神。由〈經上〉、〈經說上〉、〈大取〉、〈耕柱〉等篇可見墨子的救世精神。由〈魯問〉、〈經說上〉可見墨子之擇務精神，由〈耕柱〉、〈非儒〉等篇可見其創造精神。由〈貴義〉、〈耕柱〉、〈公孟〉等篇又可見其力行精神。

另陳維德〈墨子之政治哲學〉一文對政治組織、賢人政治、強本節用、兼愛非攻等子題的闡述亦不出〈尚同〉、〈尚賢〉、〈非命〉、〈節用〉、〈節葬〉、〈明鬼〉、〈兼愛〉、〈非

---

40 王冬珍，〈墨子之教育理念〉，《東方雜誌》，復刊14卷1期，1980年7月，頁56-60。

41 孫廣德，《墨子政治思想之研究》（台北：中華書局，1971），頁46-69。

攻〉等各篇思想。[42] 再者，薛保綸〈墨子的人生哲學〉第七章論及「墨子的社會理想——世界大同」，則標示：墨子〈天志〉、〈法儀〉篇所表現出的是天下一家、人類弟兄的思想及他〈尚同〉篇中所含的人類平等、自由、民主的基本人權思想。[43] 王冬珍的《墨子思想》第四章：「富國利民的經濟政策」取材自〈節用〉、〈節葬〉兩篇，第六章：「現實功利的文化觀」則引述〈非樂〉、〈非命〉的思想。[44] 由於大致不出此一框架，且爭議性較少，故不一一列舉說明。

第二節　研究目的與意義

五十多年來台灣墨學的研究者，在其研究的動機與目標上約可歸納為四種類型：

第一，為復興中華文化，端正社會之不良風氣。如馮成榮說：「今日正是倡導中華文化復興的時代，……而要想復興中華文化，除切己體察孔、孟思想之外，則墨子的兼愛救世之思想，亦有留意之必要，……必須發揚墨子的反侵略、反仇恨、以戰止戰、制敵機先的戰術，要想端正社會不良風氣，也必須

42 陳維德，〈墨子之政治哲學〉，《台北市立女師專學報》，7卷，1975年5月。
43 薛保綸，〈墨子的人生哲學〉（輔仁大學博士論文，1973年5月），頁215。
44 王冬珍編著，《墨子思想》（台北：正中書局，1987），頁31-43、57-68。

發揚墨子奮鬥實踐的克難精神，要想消弭社會上自私自利的杌
陧現象，就必須發揚墨子大公無私的主張。」[45]

第二，爲求彌補儒家思想的不足。《聖經》學者李士漁
說：「因爲發揮儒學，也只教人知道講天理人道，講靜心養
性；達到這種境界，就以爲天下皆備於我了。這種自我陶醉的
態度，是儒家思想的絕境。」周長耀也說：「我們還要虛心的
研究墨學，『上尊天，中事鬼神，下愛人』的大公精神，才能
填補此一缺陷。」[46]他並且十分同意韓昌黎的主張：「孔子
必用墨子，墨子必用孔子。」簡單說，儒墨應並重而不可偏
重。

第三，爲澄清墨學之濁亂與其限度，對比出更有價值的儒
家思想。如陳拱（陳問梅）說：「《墨學之省察》一書所述，
對於墨學、墨子本人之思想及其有關者，自信已經表達得相當
完備；而墨子心靈之偏執、思想之偏滯，亦能如其分地得以彰
顯。就前者言，其目的即在澄清其濁亂與混淆，回復墨子與墨
學之本有面目。就後者言，並非欲因之而否定墨學，而是欲讓
讀者明墨學之限度與癥結所在，藉以開展其心靈，轉向更高層
次之學術精進，一如大中至正之孔、孟儒家踐仁學，則學術、
文化始能眞有進步與更佳的發展。」陳拱的老師牟宗三在爲其
書作序時，也云：「將以顯墨學偏滯、癥結之所在，雖有救世

---

45 馮成榮，《墨子生平及其教育學術之研究》（台北：文史哲出版社，
　　1976），頁1。
46 周長耀，《墨子思想之研究》（台北：中華倫理科學教育協會，
　　1974），自序頁1-3。

之苦心，而理與願違。儒、墨對揚，而偏正利弊亦昭然若揭矣。」[47]

　　第四，為凸顯三民主義為綜合中外學說而成，其中亦含墨子思想，故研究之。如張繼說：「民國以來，所昌明者《墨經》，而未明墨道，三民主義綜合中外學說而成……先烈赴湯蹈火之行，及捨己救人之志，多出墨子任俠一派者多。」[48]又如孫廣德《墨子政治思想之研究》以孫中山先生之物質建設、倫理建設、心理建設等思想架構來探討墨子〈節用〉、〈節葬〉、〈兼愛〉、〈貴義〉、〈天志〉、〈明鬼〉、〈非命〉等各篇內容。[49]張家鳳《墨子民生經濟思想》一書也是多引國父之實業計畫、民生主義、民權主義、孫文學說等思想為根據來談墨子思想。[50]

　　由於研究的目標與動機不同，因此學者們的立場、觀點各異，取材與推論也就不盡相同；研究者往往希望能盡量客觀、如實地反映出墨子思想的真相，但學者本身的信念或信仰卻影響著他們觀察的角度、關切問題的類型，以及推論過程中的思路進程，眾多研究墨學的學者中，有的是自然主義者、無神論者，有的是信仰基督宗教的有神論者，有的是深以維護、發揚儒家正統思想為己任者，有的則是堅持三民主義的信奉者；不論他們的背景如何，學者們對於墨學研究的努力是值得肯定

---

47 陳問梅，《墨學之省察》（台北：學生書局，1988），頁14-16。
48 王寒生，《墨學新論》（民主憲政雜誌社，1953），頁1。
49 孫廣德，《墨子政治思想之研究》（台北：中華書局，1971），頁138-219。
50 張家鳳，《墨子民生經濟思想》（台北：文化大學出版部，1981）。

的。他們專注於同一研究對象，秉持學術良知，由不同觀點、立場探索挖掘，呈現出墨學的豐富樣貌。從前述研究內容要點的說明可以看出台灣學者所關切的幾個主題是很有意義的。

「天與上帝」相關問題的討論，顯示台灣學者們對於墨學中占有最高地位的觀念——「天」，其內涵探索的興趣。此「天」所指涉的是在實在界中的最高實有，亦或僅是在思想界中的工具概念？倘為最高實有，其內涵與西方位格性的上帝是否相同？若為工具性概念，此一概念是否代表著民意或人類內心深處的一種期待，此一符號的究竟意義又為何？這些問題的辨析展現台灣學者追根究底的哲學性格。最後原因或終極原理的這個領域，是探究某一哲學家思想，必然挖掘的深層範疇。

「兼愛」相關問題的探討，是把關注焦點由思想界與實在界的關聯性轉移、收攏於思想界此一範域，也就是在思想界中，哪一個觀念才是第一義的觀念？是「兼愛」？「天志」？「義」？還是「知」？這種第一義觀念的確立，基本上是某一觀念架構的基礎，因著基礎的確立，其他概念的相互關係才能構成，進而才能形成一系統理論。如果「兼愛」是第一義觀念或所謂中心觀念，則其他像：〈天志〉、〈尚同〉、〈尚賢〉、〈非攻〉、〈非樂〉、〈明鬼〉、〈非命〉、〈節葬〉、〈節用〉等觀念必須在「兼愛」觀念成立的前提下被解釋，這也意味著像「天志」這一概念為何僅做為工具性概念的可能理由。當然，倘若以「天志」或「天」為第一義觀念，則「兼愛」又必須在肯定「天」的前提下被解釋。又如果以「義」為第一義觀念，則「天」、「兼愛」又必須在理論上先肯定「義」的前提下再

來談「天」與「兼愛」。這種第一義觀念的追索，也反映在台灣墨學的研究中。當然，這種所謂「第一義的觀念」未必是墨子原典中所標示的觀念，它也可能是透過研究者由其學術背景而掌握到墨子思想的全幅意蘊後，再賦予的某些特有觀念，如所謂：「功利主義」、「實用主義」或「權威主義」等等，然後再從某一「主義」為第一義觀念之肯定，來解釋其他原典中的概念，與其概念間關係的排列、理論系統的建構。

對於《墨辯》相關問題的探討，是學者們關注墨學在表達界的方法性思想，當然，表達界與思想界及實在界皆有密切的關係，例如：認知的作用既涉及了實在界的事物，也涉及了認知主體掌握了認知對象後的思考方式，懷抱不同動機與目標的研究者在面對相同的研究對象——《墨子》一書時，其取材、解釋、推理乃至於獲得的結論都有可能不同。《墨辯》則是針對認知的作用、定義的方式、推理的過程、論證的形式、表達的方法，提出系統的說明。台灣墨學界對於《墨辯》的研究在相當的程度上是融合著西方的認識論、邏輯、分析哲學的學術背景來作詮釋。相對於戰國時代的文化背景，《墨辯》之中或仍有待發掘之處。

至於教育、政治、經濟、社會、文化各方面的探討，則是更加明確地由特定觀照向度所作的研究，從學者們的研究中可以顯示：墨學的內容是相當廣闊的，在今日學術分化日趨紛繁的情況下，大都能找到與墨學相呼應的學術領域。墨學的思想內涵也超越時空，在兩千多年後的今天仍有很大的參考價值，並且可以與當代的學術發展相結合，使墨學不僅只是歷史上的

一種學術,而是具有生命力,可以展闊高深繼續成長發展的一門學問。

第三節　研究方法分析與設想

學者們在研究墨學的方法上,大致包括:統計比較法、範疇整理法及架構對比法等三種主要的方法。分述如下:

一、統計比較法

例如李紹崑在〈墨書中的天與上帝〉一文就曾經將墨書中所引用的「天」與「上帝」作過一些統計比較,被統計的有八篇,表列如下:[51]

篇名	法儀	兼愛中	兼愛下	非攻下	節葬下	天志上	天志中	天志下	合計
天	22	1	2	18	0	36	84	43	206
上帝	0	0	3	1	6	0	4	6	23

據上表的統計可知,平均來說,墨子用「天」較「上帝」多至八、九倍,分開來看,在〈天志下〉多七倍,在〈天志上〉

---

51 李紹崑,《墨子研究》(現代學苑月刊社,1968),頁14。

多十二倍，在〈天志中〉竟多至二十一倍，這些統計與比較顯示了一些研究上的意義，是否「天」在墨子心目中較「上帝」更為重要？「天」在墨學理論中較「上帝」更有優先性？「天」是否比「上帝」更為尊高？當然，對這種統計比較結果的解釋或推測是建立在某些預設之上（如：出現在某一著作中概念次數之多寡，與該概念在其理論的重要性成正比）。這些預設固然有可討論、商榷的地方，但是統計比較法無疑在研究的過程中，提供了研究者思路開展的線索。

又如：王文發〈近代的墨學復興：一八七九～一九三七〉一文中所作的統計：[52]

年代　内容　細目	時長	治墨人數	成績			時距（年）	
			專著	論述	總計	時間／人數	年／篇
秦至元 221B.C.-1367	1589年	15	7	8	15	105.9／1	105.9／1
明代 1368-1643	276年	26	21	2	23	10.6／1	12／1
清光緒五年以前 1644-1879	236年	24	22	9	31	9.8／1	7.6／1
1879-1937	59年	195	86	248	334	0.3／1	0.12／1

---

52 王文發，〈近代的墨學復興：一八七九～一九三七〉（師大碩士論文，1973），頁3-4。

這是王文發根據嚴靈峰《墨子知見書目》一書，歸納出《墨子》一書自秦以至一九三七年來的研究情形，從他的統計表中，也可比較出兩千多年來，墨家學說在中國思想史上發展的情形，特別是自黃遵憲於光緒五年（一八七九）提倡墨學至民國二十六年之間，共有一百九十五家研究墨學，其中計專書八十六種、單篇論述二百四十八篇，但八十六種專書中，成於民國者達六十一種，二百四十八篇論文中，成於此時期者亦有二百四十篇，由此可見民初研治墨學風氣之盛況。統計比較法的另一種功能就是能呈現出特定主題整體性、全面性的面貌，這也有助於研究者建立一些判斷的標準。

統計比較法在研究的過程中須配合其他的方法才能充分發揮它的作用，不然單純的統計方法無法決定所要計算的核心概念或重要範疇。

二、範疇整理法

所謂範疇是指墨學中的基本觀念，而非所有觀念，如陳問梅說：「墨學中的十個觀念都有原文，可說是相當完全的，……依每個觀念為主而研讀墨子書，大抵是不失為一最好的方法。通過每一觀念有關的篇章，可以弄清楚每一觀念的內容詳情。墨學，墨子思想，總共就有十個觀念。對於這十個觀念的有關篇章，分別地加以了解，了解到每一觀念的全貌。於是再進而加以分類組合，即可分別列為四組：天志與鬼神、尚賢與尚同、兼愛與非攻，各為一組；另則非命、非樂、節葬、節

用，合爲一組。」[53] 他就是以這種範疇歸類的方式整理墨學、而寫就其《墨學之系統申述》。此外，王冬珍的《墨子思想》，及孫廣德《墨子政治思想之研究》也都是運用此一分類方式進行研究。基本上，許多學者在鋪陳其論著結構時，也多有這種類似的範疇整理型態。

範疇整理的方法對於墨學內部理論的爬梳確有提綱挈領之助力，但是對於墨學的發展，或與其他思想的比較，其效力則顯不足。

三、架構對比法

所謂架構對比法，是採用已十分系統化的理論架構作爲設準，依此既定的架構或觀念範疇爲單元，從墨學中找出相應的思想內容來加以對比，由於原本的架構已有其系統性，故在研究的成果上也可呈現墨學思想的系統性。如：王讚源〈墨子的方法論〉[54] 以西洋哲學中既成的律則來考察墨學的相關思想，從其第二節的小標題爲：因果律、充足理由律，第三節的：同一律、矛盾律，及第五節：別同異與歸納法，小標爲：求同法、求異法、同異聯用法，及第六節：從語意學、語言哲學等。以西洋哲學思想爲架構，對比出墨學在這些領域中的理論內容與深度。此外，其他學者有從宇宙論、人性論、教育哲

53 陳問梅，《墨學之省察》（台北：學生書局，1988），自序頁10。
54 王讚源，〈墨子的方法論〉，師範大學，《教學與研究》，14期，1992年6月），頁35-78。

學、政治學、經濟學、社會學等學術領域，一些既有的理論架構來考察墨學，也是採取同樣的架構對比方法。這種方法對於墨學本身的發展大有助益，但是對於墨學內涵中超出現有學術各科架構者，則有可能被忽略掉。

從台灣學者們研究墨學的方法，可以看到五十多年來中西學術交流，對於墨學發展的影響，不論是統計比較、範疇整理或架構對比等方法，都與西方哲學有一定程度的關係。當然，五十多年來大陸方面墨學學者的努力成果，對於台灣學者們的研究也有很大的幫助。

墨學從當初墨子的原創而盛顯，後歷二千年的沈寂，至清乾嘉道光，研究者漸眾，方得復甦，再經墨書的校注、《墨經》的整理而至近期墨學的提倡，其過程中有許多研究者，投注畢生之精力，對於墨學深耕挖掘，累積了豐碩的成果以饗後人。墨學的價值就在於它具備了文化的生命力，雖然曾經沈寂很長一段時間，但是當遇到合適的土壤、相應的心靈，它仍然會抽芽生長，它也更能開花結果。因為墨學本身所開展出來的格局是開闊的，所追求的理想是崇高的，所處理的問題是實際的，提出的解決方案是有一定效果的。另一方面，墨學的理論仍有可批評修正之處，如忽視文化藝術陶冶、道德理性的開展不足，以及過度苦行禁欲等弊端。

是故，筆者認為對於墨學未來的發展，在其已呈現的大格局中，就其內容宜續予精雕細琢，深化其理論內涵，不僅是釐清墨子如何說、墨子書所載之文字意義如何，更應該往一些重要思想的根源處探討，像：兼愛如何可能？達成兼相愛、交相

利的步驟及主、客觀條件為何？天下之人何以異義？為何尚同？如何尚同？所「同」者為何？等等。進一步可與當代的一些實際問題或學術思想相對應比較，從墨學精神與理想的層面來引申其義，並提出一些有效的對治方案。透過新的詮釋、當代語言的表達，把墨學中崇高的理念、意境讓廣大的社會大眾了解，而不只是停留在學術界中的討論。

其次，在方法上除了靈活運用以往學者的研究方法之外，一些方法上的形式要求也是需要注意的，其應包括下面四種特性：(1)概念意義的確定性；(2)思想遞衍的邏輯性；(3)理論架構的開放性；(4)系統學說的完整性。[55] 透過對於墨學內涵整體全面性的把握，再對其部分、細節的思想予以解釋、分析，可獲致較為精確的理解；墨學中重要概念經由字源意義、約定性意義及原文脈絡的意義可獲致其概念意義的確定性。並且，須呈現前後思想的因果關係，以獲致思想遞衍的邏輯性。再由理論內部的分析及新思路開展的可能性，而顯出理論架構的開放性。最後，透過與其他系統學說的同異對比而展示其系統學說的相對完整性。

再者，於研治墨學的態度上，吾人不僅要發揚、提倡墨學思想之美善，亦須批判、修正其思想之缺失，同時，研究者也要以高度反省的態度來檢視自己所闡揚或批判的觀點、立場及價值標準為何？唯有自省與開放的心態才能真正有助於學術上的溝通、交流與進展。

---

55 李賢中，《先秦名家名實思想探析》（台北：文史哲出版社，1992），頁219。

墨學如中華文化中的大河長流，從上游的涓滴發源、到匯
聚成高山湖泊而被遺忘，再經清代學者的努力使其滿溢流瀉，
河道由窄變寬。現在，又經數十年來墨學學者的共同努力，積
聚更雄厚暴發潛能，如萬馬奔騰之勢，即將直下汪洋大海。我
們將在以下各章節中逐步發掘其中豐富的內涵。

第二章
墨學研究方法的新嘗試

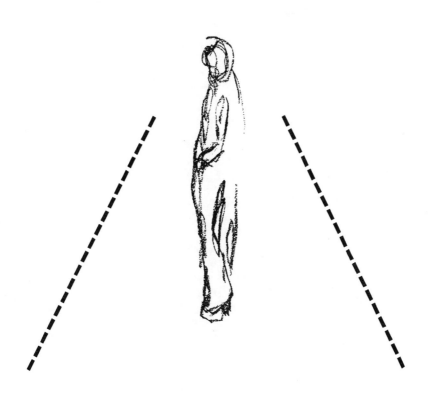

第一節　中國哲學的方法問題

一、何謂方法？

所謂「方法」，在中國就其字源意義觀之，「方」有邊際之意，「法」之本義則爲「刑」，[1] 邊際乃活動場域之極限，而刑罰則是行爲本身的一種範限，故就其引申意觀之，「方」在使用上有：道、理、規範等意義，「法」則有：制度、模範、法則等意涵。[2] 因此，「方法」含有應該遵循或必須遵循的規範與約束性，成中英先生即指出：「方法是一種規範，是產生秩序的衡量標準，如規矩之產生方圓，方法也是一種趨向

---

1 金文「ㄅ」，林義光氏以爲「即丙之變形，方、丙（古）同音，本與丙同字：邊際也。」小篆「灋」，從水、從廌去，廌謂解廌，即獬豸，世謂廌爲神獸，可以觸不直者，使其去承認有罪，水爲易見其平者；律令須如水之平，此即「法」，其本義作「刑」解。見正中《形音義綜合大字典》頁644及820。

2 《易經・恆卦・象曰》：「君子以立不易方」，其「方」即「道」。《左傳・隱公三年》：「臣聞愛子，教之以義方。」其「方」即「理」；又如《左傳・閔公二年》：「敬教勸學，授方任能。」其「方」即「規範」之意。《禮記・曲禮》：「謹修其法而審行之。」其「法」即「制度」。《禮記・中庸》：「君子……行而世爲天下法。」其「法」爲「模範」。徐濤〈贈龍雨樵明府詩〉：「客來風簞尋琴譜，人到公庭乞法書。」其「法」爲「法則」之意。出處同註1。

目標，具有方向感的規則或法則。」[3] 依此，方法的要素有：
確立的目標、達成目標的歷程及歷程中的規則。

　　在西方，method 的字源意義來自希臘文 methodos，是由
meta 及 hodos 二字組成，可直譯爲「追蹤著路」，即依著路追
尋知識。[4] 勞思光先生指出：「方法，在原始意義上本扣緊認
知活動而言，因此，所謂方法的原始意義，只指建立知識的程
序所涉及的規則，如演繹法、歸納法等。但方法一詞也可引申
至其他的活動歷程，離開認知活動來談達成其他目的之方法，
如教育的方法或進德、修養的方法。」[5] 因此，若從引申的觀
點，「思想方法」應可定義爲：「達成既定目的之規則性思想
歷程。」

二、何謂中國哲學的方法？

1.開墾之路

　　所謂開墾之路是指中國哲學中各家、各派或哲學家個人產
生其思想內容的思考方法。如：墨家的三表法、公孫龍的名實
論、易傳的解經方法等皆是。三表法中：本之者爲古者聖王之
事，是訴諸古代的權威，以尋求立論之根據；原之者爲察百姓

3 成中英，〈中國哲學中的方法論詮釋學——非方法論的方法論〉（台灣
　大學哲學系「中國哲學之方法研討會」，1990），頁1。
4 項退結編譯，《西洋哲學辭典》第214條（台北：國立編譯館，
　1976），頁257。
5 馮耀明，《中國哲學的方法問題》（台北：允晨，1989），頁1、2。

耳目之實，是訴諸社會民眾的感官經驗；用之者，在發以為刑政，觀其中國家百姓人民之利，則是訴諸實際政治上的效用。

這種思考、論證的方法，在墨論期如〈非命〉、〈明鬼〉、〈非樂〉等各篇的思想內容大都採用三表法的論證結構。[6]

其次，公孫龍〈名實論〉中的：「其名正，則唯乎其彼此焉，謂彼而彼不唯乎彼，則彼謂不行；謂此而此不唯乎此，則此謂不行。」以及「實隨物變，名隨實轉，一名一實，名副其實」的方法原則也是其〈白馬論〉、〈通變論〉、〈堅白論〉等各篇的思維方法。[7]

再者，易傳思想方法中就概念單元而論，有：卦名、卦象、卦位、爻位、卦辭、爻辭及卦義等，各傳解釋重點不一。〈序卦傳〉、〈雜卦傳〉主要以卦名的意義申論卦序的因果關係，〈彖傳〉、〈象傳〉則以卦象為解經重心，而卦象中又以爻位與卦位的理則為解釋依據。〈說卦傳〉也以卦象的說明為主，涉及卦象與四時、方位、萬物彼此間的關係，但僅闡釋基本八卦卦象的廣泛應用。〈文言傳〉與〈繫辭傳〉則是以卦辭、爻辭、卦義的解釋為中心，而有思路上的連續性，其中〈文言傳〉只解乾、坤兩卦，而〈繫辭傳〉除就經文整體概論外，另取十九則爻辭論述，〈文言〉、〈繫辭〉基本上也是由自然情境轉化於人事情境，一方面使行事為人之道德規範有所

---

6 鍾友聯，《墨家的哲學方法》（台北：東大，1976），頁20。
7 李賢中，《先秦名家名實思想探析》（台北：文史哲，1992），頁59-75。

依據，另一方面藉諸道德規範以行教化。[8]

　　以上皆爲思想者在創作其思想時有意識或無意識所依循的思考路徑，稱之爲「開墾之路」。

2.觀察之路

　　所謂觀察之路是指當代學者研究中國哲學的方法。例如：吳怡、李紹崑的統計比較方法、勞思光的基源問題研究法、項退結的主導題材方法、杜保瑞的四方架構法、香港馮耀明分析哲學的方法、大陸學者張立文先生的中國哲學邏輯結構研究法，以及旅美學者傅偉勳先生所發展出創造的詮釋學方法等等。

　　首先，統計比較法，在吳怡先生〈從統計的方法看老莊思想的特色〉[9]一文中，他以「法乎自然的道體論」、「返樸歸眞的人生論」、「應物無爲的政治論」等重要範疇，對「自然」、「常」、「道」、「德」、「無爲」及「道與德的關係」等核心概念，分別引用老子及莊子原典中重複出現該概念的語句，依統計的方式將這些概念抽取、排比以凸顯其在各種語句脈絡中的不同意涵，分析相關的解釋條件並歸納出共通的意義，予以確定。

---

8 李賢中，〈易傳思想方法探析〉（輔仁大學「海峽兩岸學術研討會」論文，1993），頁9。

9 吳怡，《中國哲學的生命和方法》（台北：東大，1981年初版，1984年再版），頁37-68。

又如：李紹崑先生在〈墨書中的天與上帝〉[10]一文就曾將墨書中所引用的「天」與「上帝」作過一些統計比較。此方法在第一章已做說明，平均來說，墨子用「天」較「上帝」在「量」上大了許多。是否「天」在墨子心目中較「上帝」更為尊貴？「天」在墨學理論中較「上帝」更為重要？這種統計方法所得結果及推測，預設著：出現在某一著作中概念之次數，與該概念在其理論的重要性成正比。這些預設固然有可討論、商榷之處，但是統計比較法在研究的過程中，卻可提供研究者思路開展的線索。

這種方法的運用雖可對原典不同語句脈絡中的概念意義，經由大量引文的對比，有助於讀者掌握思想意涵，但是有關「核心概念」及「重要範疇」是如何提出的理由並無交待，因為核心概念不同層次的意義，也是在理解原典上所不可忽略的相關因素。因此，統計比較法在研究的過程中，須配合其他的方法才能充分發揮它的作用。

其次，勞思光先生的「基源問題研究法」，其預設：「一切個人或學派的思想理論，根本上必是對某一問題的答覆或解答。我們如果找到了這個問題，我們就可以掌握這一部分理論的總脈絡。因此其方法是以邏輯意義的理論還原為始點，以史學考證工作為助力，以統攝個別活動於一定設準下為歸宿；必須滿足：事實記述的真實性、理論闡述的系統性及全面判斷的

---

10 李紹崑，《墨子研究》（台北：現代學苑月刊社，1968），頁14。

統一性等條件。」[11]

勞教授運用此一方法將孟子思想定位於解決價值根源問題及政權如何轉移問題，而墨子思想的基源問題是：「如何改善社會生活」，荀子是：「如何建立一成就禮義之客觀軌道」，而韓非子則是：「如何建立一有力統治」等等，終而寫就其中國哲學史。

基源問題研究法雖然是綜合了系統研究法、發生研究法與解析研究法的優點取長避短而設計，[12] 但其方法中的「設準」則是頗有爭議者，項退結就曾以勞思光剖釋《詩經·大雅·文王之什文王篇》：「上天之載，無聲無臭」二句時，以爲「無聲無臭即表無意願性」的解法，是受了他的「中國文化精神在於人文精神」這一設準的歪曲，項退結說：「仔細研讀勞思光《中國哲學史》的「序言」，就會發現他所云的基源問題最後決定於他個人認定的『設準』。……但以一些認定的設準爲出發點，這樣的方法就不很客觀。」[13]

至於項退結教授則是採取主導題材的方法來研究中國哲學，在他〈中國哲學主導題材與方法論問題〉一文中列舉了：「政治」、「道德」、「主宰之天」、「大自然與人事互相感應」、「萬物根源」、「萬物與人事的常道」、「天地人一體」及「大自然」等八個主導題材。這八個主導題材是項教授對中

11 勞思光，《新編中國哲學史》第一卷（台北：三民，1981年初版，1991年六版），序言頁15-19。
12 勞思光，《新編中國哲學史》第一卷（台北：三民，1991），頁5-15。
13 項退結，《中國哲學之路》（台北：東大，1991），頁18。

國哲學三千年來一些重要文獻重點巡禮後，將中國人所特別關切的哲學問題歸納而成。他特別強調這八大主題的原創性與它們在傳統中國哲學的主導地位。[14] 其方法運作是：應用某些主導題材以評斷某些著作的性質。如甲骨文中有二，《詩》、《書》之中有六，《論語》、《墨子》之中有：政治、道德、主宰之天、大自然、大自然與人事互相感應五主題，而道家則關切常道、萬物根源、天地人一體及道德、政治、大自然等六主題。進而分析、推論儒家思想的發展及「早期儒家」、「與道家融合的儒家」之分野。

　　項教授認爲主導題材的研究方法其價值在於較基源問題法更具客觀性，應用八個題材作試金石時，是由文獻所提供的客觀事實來引導，可使人從中國哲學整體的視域來觀察部分與整體的關係，並有助於使人對某學派的思想有綱領性的把握。但是對於主導題材的主導性如何證立，則似乎有待進一步說明，此也是客觀性能否成立的關鍵。再者，若以常道、萬物根源與天地人合一等題材做爲儒墨與道家的分野，似乎並無說明什麼，因爲這些主題原本就是從不同學派中抽繹出來的，再用此去說明某些學派基於主題的不同而不同，似乎只是方法步驟上的重複。

　　在中生代治中國哲學的學者中，杜保瑞先生是相當注重方法論的一位，他的四方架構法，分別是以：宇宙論、本體論、功夫論及境界論作爲分析中國哲學的方法架構，這四方架構就

---

14 項退結，《中國哲學之路》（台北：東大，1991），頁3-7。

是四個中國哲學的基本問題。在他看來，這一套架構有著體系性的融通，亦即其中任一基本哲學問題，皆得以貫通至其他三個基本哲學問題上。例如：他「將本體論哲學區分為研究價值關懷的實存性體之學，及研究道體自身的抽象性徵之學，而實存性體即作為功夫哲學的入手，抽象性徵即落實為實踐者的境界，至於宇宙論知識即負責說明功夫進程中的階次歷程。」[15]杜教授嘗試以此四方架構法，普遍地運用於詮釋中國哲學的各領域思想，在儒、釋、道的某些領域，的確能有一定的解釋及再建構古人思想的效力，那是因為所處理材料在基本哲學問題上，相互對應；不過像名家、墨家，特別是《墨辯》的部分，其四方架構法則無法運作了。這也顯示中國哲學的方法問題，會因研究對象的性質、目的、與所關切的基本問題的不同，而有不同方法為處理之工具。若想以某一套方法普遍地適用於任何文獻材料，那成果必然是有限的。

　　香港學者馮耀明先生對於中國哲學方法問題的看法，主張中國哲學應容納多元的探索方式，而他個人則採用當代分析哲學的方法來處理中國哲學，藉著概念分析、語言分析、及邏輯分析，來處理宋明儒學的心性問題、《公孫龍子》的語言哲學問題、龍樹《中論》的邏輯與辯證問題等等。誠如他在〈中國哲學可以用分析哲學的方法來處理嗎？〉一文中所做的結論：「如果『中國哲學』是『中國功夫』，分析方法是沒有插手餘地的；如果『中國哲學』是『中國功夫論』，分析方法是不可缺

---

15 杜保瑞，《基本哲學問題》第二章，（北京：華文出版社，2000）。

少的。」[16] 其實「中國哲學」不只是「功夫論」，還有許許多多其他的「論」，分析哲學當然也是一種可以運用的方法，只是此方法的適用範圍也有其限度罷了。

　　從方法論的觀點，有些學者已傾向不再使用西洋哲學中，意義非常專門的概念術語，來澄清中國哲學的態度是相當明確的。這也是當代治中國哲學者一種重要的思考趨勢，大陸學者北京人民大學的張立文教授在其《中國哲學邏輯結構論》一書中提到：「胡適用實用主義方法講中國哲學，突破了『三皇五帝』的界限；馮友蘭用新實在論方法寫中國哲學史，試圖『爲海格爾歷史哲學之一例證』；郭沫若、侯外廬用馬克思主義方法研究中國哲學，推進了中國哲學的發展。六十餘年來，中國哲學的發展是與研究方法的變革分不開的。中國哲學的研究應轉換一下角度和出發點，不能從現成的原則、原理或結論出發，硬套在中國哲學上面，把中國哲學削足適履地去符合現成的原則，而應該從中國哲學的實際出發，總結出它固有的原則、原理、規律、方法。」[17] 這種不依賴西洋哲學現成結構或原則的看法，基本上與項退結教授之觀點是滿接近的。

　　張立文先生的中國哲學邏輯結構研究法，包含著分析與綜合、抽象至具體、非系統到系統的對立統一，他說：「中國哲學邏輯結構是在系統與非系統對待統一思維方法視野下，從系統與非系統的臨界點的聯繫中，探討非系統向系統的轉化，和

16 馮耀明，《中國哲學的方法問題》（台北：允晨，1989），頁325。
17 張立文，《中國哲學邏輯結構論》（北京：中國社會科學出版社，1989），頁2-3。

系統中存在著非系統、非系統中存在著系統的互滲互透、相濟相成的關係。」[18]這是從中國哲學動態的發展歷程所觀察出的一種必然趨勢；一個研究中國哲學的人在閱讀許多原典、資料之後會形成某些概念，累積一定數量的概念之後，這些概念彼此關係的釐清必然成為探究的重點，但隨著新概念的加入，原先的概念關係會受到影響，必須重新整理、定位；而中國哲學的發展亦然，當累積了許多概念範疇之後，也必然面臨著如何系統化的問題。張立文先生的中國哲學邏輯結構系統是：象性範疇、實性範疇、虛性範疇等三大範疇，其下含括：象象、象實、象虛；實象、實實、實虛；及虛象、虛實、虛虛等九個範疇。九個範疇之下再含括：五行、天、氣、道……體用等二十五個範疇。[19]他試圖運用這一套範疇結構來統括整個中國哲學的複雜內涵，因為基本上，他認為：中國古代哲學已有自己的邏輯結構，而此一結構正是系統得以存在的前提，且系統又是結構的必然發展，因此，呈現出整體結構即可建立系統，而中國哲學邏輯結構的呈現即藉諸上述的三大範疇、九中範疇及二十五小範疇所構成。並且其中三大範疇也與中國哲學史的發展階段相應：象性範疇相當於先秦時期的哲學思想，實性範疇產生於秦漢至隋唐時期，虛性範疇則流行於元、明、清代，其中兩宋時期則是實性範疇向虛性範疇的過渡時期。

---

18 張立文，《中國哲學邏輯結構論》（北京：中國社會科學出版社，1989），頁35。

19 張立文，《中國哲學邏輯結構論》（北京：中國社會科學出版社，1989），頁56-57。

中國哲學邏輯結構研究法，企圖從中國哲學的實際內涵中把握住整體的思想綱要——範疇，由範疇而呈現結構，由結構而確立系統，再回過頭來由整體系統來觀照部分，重現每一時代的思潮，或哲學家思想的面貌，進而確立其思想的地位和作用。在這種方法脈絡下，如何客觀地揭示中國哲學範疇的本質、關係，及其在動態中的發展演變，則是這種方法的核心所在。於此，張立文提出了很有參考價值的範疇解釋學，分為具體、義理、真實三種層次的解釋，[20] 其中「具體的解釋」是透過語義及句法結構，力求如實反映範疇的固有涵義，如孔子論仁，《論語》中有一〇九處，一些表面的矛盾即可透過語法層面的解釋疏理加以清除。其次，「義理的解釋」是透過某思想家整體思想的範疇之網，及該時代的思潮之網釐清某一範疇與其他範疇的關係，如仁與禮、義的關係，及從該時代的政治、經濟、社會結構等因素考察某一範疇的意義。如此，從宏觀的整體來透視微觀局部的範疇義理。再者，「真實的解釋」是指從歷史的發展演變的連結中，掌握範疇演變的必然趨向，以驗證概念範疇的本質意蘊。透過歷史層面的意義發展，使某一範疇歸結出統一全面的真實解釋。

　　這種方法在實際運作時，若不能對中國哲學有相當的研究熱忱，並大量閱讀、消化原典及相關資料，是難以進行的。不過，熟悉這套方法的運用應有助於對中國哲學的整體研究。

　　與張教授範疇解釋學相似，而分析更精細的是旅美學者傅

---

20 張立文，《中國哲學邏輯結構論》（北京：中國社會科學出版社，1989），頁70-92。

偉勳先生，早在一九七二年，他因探討老子之「道」所蘊涵的
哲理，而首次觸發詮釋學的構想，一九八四至一九八八年間，
在海峽兩岸多次以「創造的詮釋學」為題發表正式演講，傅偉
勳先生所發展出創造的詮釋學（creative hermeneutics），透過
層面分析法，分為五個層次：[21]

(1)「實謂」層次，探討原典實際上說了什麼。基本上關
涉到原典校勘、版本考證與比較等等校讎學課題。此
一層次為詮釋的展開，提供較為真實可靠的材料。

(2)「意謂」層次，探問原作者的「客觀意思」或「真正
意思」為何？此一層次必須了解原作者的時代背景、
生平及思想發展歷程等資訊。藉諸邏輯分析，透過原
典前後文的對比，除去前後不一致的語句或思想；藉
諸脈絡分析，確立某些語句的脈絡意義；並藉諸層面
分析來了解核心概念的多層意涵。

(3)「蘊謂」層次，考究原作者可能要說什麼？或他所說
的可能蘊涵是什麼？於此一層次，可透過思想史上已
經有的詮釋進路、觀點，以發現原典思想所表達的深
層義理，及各種可能的思想蘊涵。

(4)「當謂」層次，追究原思想家本來應當說些什麼？或
詮釋者應當為原思想家說出什麼？到這一層面，詮釋
本身已居於主導地位，詮釋者須在種種詮釋進路中進

---

21 傅偉勳，《學問的生命與生命的學問》（台北：正中書局，1998），
頁 228-240。

行批判性的比較考察，進而爲原思想家代爲說出他應
當說出的話。

(5)「創謂」（或必謂）層次，探究原思想家現在必須說出
什麼？此一層面最能體現詮釋學的創造性，在不斷追
問的思維歷程中，形成自我轉化，從批判的繼承者轉
化爲創造的發展者。

隨著詮釋學（hermeneutics）的傳播和研究的日益深入，
中國哲學界也越來越重視如何應用這種方法於中國哲學的研究
上，除了傅偉勳先生所謂「創造的詮釋學」之外，還有成中英
先生的「本體詮釋學」、黃俊杰先生以孟子爲中心的「經典詮
釋學」，以及湯一介先生的「中國解釋學構想」等等，都是相
當有價值且值得參考的方法。

以上，是一些中國哲學的研究者，在比較有意識、自覺的
情況下設計、運用的研究方法，稱爲「觀察之路」。

第二節　墨家哲學的開墾之路

墨家相較於先秦各家，具有較強的方法意識，對於達成目
的所使用的方法有相當的自覺。並且建立了有關方法的理論，
這也就是墨家思想的開墾之路，藉著這些方法來展示、提倡、
辯護他們的思想。以下分別就：效與法、三表法、推類法、故
式推論與反駁推理等加以說明。

一、效與法

在古代「效」與「法」的意義相關而接近，是同一個推論作用的兩個要素，「法」有法則、標準之意，「效」則是仿效之意，所仿效的對象即為「法」，兩者的關係可由〈小取〉看出：「效者，為之法也。所效者，所以為之法也。故中效則是也；不中效則非也；此效也。」其中「效者，為之法也」之「效」，是作為某種標準或根據，及驗證思想或言論。凡是符合「效」的為正確，可以成立；凡不合「效」的，為不正確，不可成立。

〈法儀〉：「百工從事，皆有法所度。」由此可見，從墨家來看，「法」的原意是含有工具性的法度與標準。之後擴大到工藝製作範圍之外，用以檢驗思想言論是否成立及運用於施政的方法與法則，如〈天志中〉稱：以矩測方乃「方法明也」，解「順帝之則」為「帝善其順法則也」，進而論及墨子之有「天志」此一「法」將可「上將以度天下王公大人為刑政也，下將以量天下之萬民為文學出言談也」。

〈法儀〉篇也說：「天下從事者，不可以無法儀，無法儀，而其事能成者，無有也。雖至士之為將相者，皆有法，雖至百工從事者，亦皆有法。」「法」的應用就是「效」，「效」的標準就是「法」。符合標準就是中效，不符合標準就是不中效，如此「效」與「法」的意義就十分接近了。

在墨家思想中，作為「效」的標準包括：(1)最高設準，

如：天志、天意；(2)其以爲眞的命題，如：治乃善政、得爲
政者乃貴且知者、辯乃是非之爭，必有勝負等等；(3)思想準
則，如：三表或三法[22]。「效」式推論的例證如：〈天志上〉
云：「順天意者，兼相愛，交相利，必得賞，反天意者，別相
惡，交相賊，必得罰。」其中「天意」即其「效」或「法」。
又如〈天志中〉云：「子墨子曰：義不從愚且賤者出，必自貴
且知者出。何以知義不從愚且賤者出？曰：義者善政也。何以
知義之爲善政也？曰：天下有義則治，無義則亂，是以知義之
爲善政也。夫愚且賤者，不得爲政乎貴且知者。貴且知者，然
後得爲政乎愚且賤者。此吾所以知義之不從愚且賤者出，而必
自貴且知者出。」其中隱含的「治乃善政」及「得爲政者乃貴
且知者」即爲其「效」或「法」。

〈經下〉：「謂辯無勝，必不當，說在辯。」

〈經說下〉：「……俱無勝，是不辯也。辯也者，或謂之
是，或謂之非。當者勝也。」其中「辯乃是非之爭，必有勝負」
即其「效」或「法」。至於三表法則於下段再述。

二、三表法

墨學十論的思想大多以三表法爲其論證的骨幹，雖然只是
墨家獨特的思想準則，而不具備有效論證的嚴格性，但三表法
的提出卻有一定的價值，它在中國哲學的發展歷程中呈現出以

---

22 在《墨子‧非命上》稱三表，〈非命中〉、〈非命下〉稱三法，一般
　都合稱爲三表法。

方法爲研究探討對象的新階段。在《墨子・非命》中明白的提
出三表法。

〈非命上〉說：「言必有三表。」〈非命中、下〉說：「使
言有三法。」可見三表法是檢證言論以及言論所代表的思想的
三個標準。綜合〈非命上、中、下〉各篇的不同提法，我們可
以歸結如下：

第一表，本之者：(1)本之於古者聖王之事；(2)考之天鬼
之志。

第二表，原之者：(1)原察眾人耳目之實；(2)徵以先王之
書。

第三表，用之者：發以爲刑政，觀其中國家百姓人民之
利。

其中，第一表和第二表各有兩種情況，在墨子書中，每種
情況都使用過。例如在〈非命上〉用的第一表即同時包含了聖
王之事及天鬼之志以證「非命」爲是。〈非命中〉的二表，也
分別用了原察眾人耳目之實，及徵以先王之書以證「非命」爲
是。〈非命上、下〉在第三表中對於發而爲政乎國，察萬民而
觀之，可證「非命」乃中國家百姓、人民之利。〈尚賢〉所用
之三表則是聖王之事、先王之書，及發政中人民之利爲據。
〈尚同〉篇所用之三表則包括：古者聖王之事及天鬼之志、徵
以先王之書、發政中人民之利爲據。〈節用〉、〈節葬〉所用
較明顯者爲本之者與用之者。此外，〈非樂〉、〈天志〉、〈明
鬼〉、〈兼愛〉、〈非攻〉等篇皆用三表爲據。

其實，三表法之間有一定的關聯性，並非斷然無關的三種

標準。首先，就本之者而言，古者聖王之事與天鬼之志，從
〈尚同〉的觀點來看，兩者是一致的，因為下要同於上，因
此，聖王之意必同於天鬼之志以行事。所以，本之者所根據的
是同一標準。而此一標準的根源乃「天志」。其次，就第一表
的聖王之事與第二表的先王之書相比較，其實，許多聖王之事
就記載於聖王之書上，因此這兩種標準又有某種類似性。至於
第三表用之者則有較獨立性的檢證範圍，不過第二表「原察眾
人耳目之實」的標準，不限於解釋為檢證某物是否存在，如
「鬼神」或「命」等；而包含百姓人民對施政利害觀感之
「實」，如此則第二表與第三表也有可通之處。

　　此外，三表法中第二表為何會有兩種標準？一是眾人耳
目，一是先王之書；因為前者代表的是一般平民百姓的耳目之
實，而後者則是王公貴族的耳目之實，記載於先王之書中，在
墨子論證的過程中，往往隱含著後者較前者有更強的論證效
果。另一方面則是因為墨學十論中有的是要證明「某物的存
在」，如「命」、「鬼神」等，故以眾人耳目之實的有、無為
準，而有的則是要證明「某種思想或制度為正確」，如兼愛、
尚同等，故以先王之書的有、無為據。這也讓我們看到：三表
法作為一種「方法」來看，與其所欲達成的目的密切相關。

　　三表法在時間上含括著過去、現在與未來，本之者是根據
過去聖王的經驗效用；原之者是根據過去的及現在眾人的五官
經驗；用之者則是以現在和將來的經驗效用為準則。在推論
上，符合三表者為正確，不符者為錯誤，三表法雖不符合純粹
形式論證的架構，但其中已有歸納法與演繹法的推理形式，

如：原之者，是歸納眾人耳目之實的結果，而本之者，則視古者聖王之事爲演繹推論的大前提。

三、推類法

〈經上〉：「同，重、體、合、類。」其中「類同」〈經說上〉解釋爲：「有以同」，如白馬之類，〈經下〉有：「推類之難，說在類之大小。」[23]《荀子·正名》也提出：「辨異而不過，推類而不悖。」所謂的「類」就是若干事物經比較後所呈現的「共同性」，這也就是「名」的形成因素之一。有些「名」如：人、馬、牛等就是一個種類的「類名」，「名」是構成辭的基本元素，〈大取〉：「辭以類行者也」與〈小取〉的「以類取，以類予」說明了墨家推類以立辭的依據是「類」。然而推論必然運用不同的辭，以及各辭間的關係以呈現「說」，在〈小取〉中典型的四種推類法即：辟、侔、援、推。

〈小取〉：「辟也者，舉他物而以明之也。侔也者，比辭而俱行也。援也者，曰子然，我奚獨不可以然也？推也者，以其所不取之，同於其所取者，予之也。」辟是比喻、比方。辟有兩種功能，一是形象描繪，這相當於修辭學上的比喻；另一是抽象思維，這相當於邏輯上的類比式論證。[24] 就其爲類比推理而言，如《墨子·耕柱》所載：「治徒娛，縣子碩問於子

---

23 據高亨增後「類」字。

24 孫中原主編，《墨學與現代文化》（北京：中國廣播電視出版社，1998），頁167。

墨子曰：『爲義孰爲大務？』子墨子曰：『譬若築牆然，能築者築，能實壤者實壤，能欣者欣，然後牆成也。爲義猶是也，能談辯者談辯，能說書者說書，能從事者從事，然後義事成也。』」這是將「爲義」以「築牆」爲譬。陳榮灼指出：「『辟』式推理屬於一種『屬性類比推理方式』，即其推論根據是在於『屬性間的相似性』。」[25]

「侔」是不同語言表達的類比推論，其推理方式是在原判斷主詞、謂詞前附加意義相同的成分，以構成新的表達形式。如〈小取〉：「白馬，馬也。乘白馬，乘馬也。」此顯示兩個辭義相當的命題，其眞假也相當。所謂「辭義相當」是指主、謂詞的類屬關係相當。換言之，白馬與馬的關係，好比乘白馬與乘馬的關係。因此，「侔」是一種「關係類比推理方式」，其推論根據是在於「關係間的相似性」。[26]

「援」是援引對方所說的話來作類比推論的方法，亦即援引對方所贊同的，來論證對方所不贊同的，以證成自己的論點。其類推的原則即〈小取〉：「有諸己不非諸人。」如《莊子・秋水》中莊子與惠施於濠上論「魚之樂」即是。又如：《公孫龍・跡府》公孫龍批評孔丘後代孔穿說：「夫是仲尼異楚人於所謂人，而非龍異白馬於所謂馬，悖。」這是雙重關係的「關係類比」，「侔」是命題與命題間的相似關係，而「援」

25 陳榮灼，〈作爲類比推理的《墨辯》〉，楊儒賓、黃俊傑編，《中國古代思維方式探索》（台北：正中書局，1996），頁209。

26 陳榮灼，〈作爲類比推理的《墨辯》〉，楊儒賓、黃俊傑編，《中國古代思維方式探索》（台北：正中書局，1996），頁209。

則加入了主客雙方，在第一層主客關係上，雙方都不能自相矛盾，主方所說相類於客方所說。在第二層的命題關係上，「是」「楚人非人」，就必須「是」「白馬非馬」（其「侔」式爲：楚人非人，白馬非馬也。是楚人非人，是白馬非馬也）。另在《墨子・耕柱》也有一例：「巫馬子謂子墨子曰：『子兼愛天下未云利也，我不愛天下，未云賊也。功皆未至，子何獨自是而非我哉？』子墨子曰：『今有燎者於此，一人奉水將灌之，一人煽火將益之，功皆未至，子何貴於二人？』巫馬子曰：『我是彼奉水者之意，而非夫煽火者之意。』子墨子曰：『吾亦是吾意而非子之意也』。」其中墨子的推論就包含著「援」的形式，也就是巫馬子你可以認同奉水者行爲的價值（子然）；那麼，我爲什麼不可以肯定我兼愛天下行爲的價值（我奚獨不可以然）？墨子論證的技巧還包括先舉一類似的例子，同樣是「功皆未至」，奉水者相當於兼愛者，煽火者相當於不愛天下者。以便於從此例轉換於彼例，指出巫馬子的自相矛盾。若從完整的論式來看，此例也可歸於「推」的論式。

「推」，也是雙重關係的「關係類比」，亦稱歸謬式的類比推理。其方法是用對方所不贊同的，來論證對方所贊同的，以推翻對方的論點。類推的原則是〈小取〉：「無諸己不求諸人。」如：《墨子・公輸》載墨翟對公輸般說：「北方有侮臣，願藉子殺之。」公輸般說：「吾義固不殺人。」墨翟就指出公輸般造雲梯幫楚國攻打宋國，必將殺害許多無辜的宋國百姓，這是「義不殺少而殺眾，不可爲知類。」公輸般終爲墨翟所折服。此處就用了「推」的方法。「援」、「推」的類推思

維重點，都放在將對方贊同與不贊同的論點歸爲一類；就「援」
而言，對方所不贊同的，卻是我方所主張的，由於兩者同類，
對方就必須同意我方論點。就「推」而言，對方所贊同的，卻
是我方所反對的；先構作一與其所贊同之論點同類之主張，但
此一主張必須爲對方所反對，如此構成矛盾以歸謬，反顯我方
所反對的論點無誤。由此可見「推」要比「援」更增加了類比
的複雜性。

四、故式推論

　　墨家談辯中的「故」有重要的作用，首先，有了「故」才
能有立辭的根據，也才能完成「說」的使命，即〈小取〉中所
謂的「以說出故」。其次，「故」可以使人通曉「所以然」的
道理，實現〈大取〉所謂「說，所以明也」的功用。再次，
「故」是判別談辯謬誤的依據，即〈大取〉：「立辭而不明於
其所生，妄也。」[27]

　　「故」在墨學材料中，共出現四百多次，如：是其何故
也？（〈尚賢上〉、〈兼愛中〉、〈天志下〉）此其何故也？〈尚
賢中〉……，此外，也有以「姑嘗本原」（〈兼愛下〉）的方式
來探究事象產生的原因。例如〈天志下〉：「今有人於此，入
人之場園，取人之桃李瓜薑者，上得且罰之，眾聞則非之，是
何也？曰不與其勞，獲其實，已非其所有取之故。」其中的

---

27 溫公頤、崔青田主編，《中國邏輯史教程》（天津：南開大學出版
　　社，2001），頁131。

「故」就是說明偷盜行為乃「非」，應罰的理由是不勞而獲。

　　「故」式推論，是墨家由果溯因的推論方法。以〈兼愛下〉為例，墨子把握住一個天下混亂的現象——天下之害：大國攻小國、大家亂小家、強劫弱、眾暴寡、詐謀愚、貴傲賤（果）。再探究何以會有此現象的原因？(1)是由愛人利人而生；或(2)由惡人賊人而生；或(3)由其他原因所生。所以〈小取〉說：「其然也，有所以然也，其然也同，其所以然也不必同。」因此，墨子對於天下亂象所找出的原因並非只是單一的原因。

　　至於不同「故」對於結果影響的效力也有不同，《墨經》中對此也有所分析。

　　〈經上〉：「故，所得而後成也。」

　　〈經說上〉：「故，小故有之不必然，無之必不然。體也，若有端。大故有之必然，無之必不然，若見之成見也。」[28]

　　所謂「故」是指產生結果的原因或理由，在推論中「故」也可視為論證的前提。小故，指的是必要條件，有了這樣的原因不必然產生某一結果，但沒有這樣的原因，則必不能產生某一結果。例如：端點是組成某一物之部分的必要條件。大故，是指充分必要條件，有它必定產生某一結果，沒有它必不產生某一結果。例如：眼能見物需要合宜的光線、適當的距離、正常的視覺官能及專注力等等相關因素的整體，此為完成「見」的充分必要條件。

---

28 原文：「大故有之必無然，若見之成見也。」據孫詒讓《墨子閒詁》校改。

五、反駁推理

證立己論與反駁對方錯誤理論，都有助於呈現自家的思想。證立己論是主動提出自己的主張，反駁對方則是被動地從對方的錯謬中，相對地間接呈現己方主張的正確性。在墨家反駁理論中有：止式、推式、歸謬式等。

1.止式

〈經上〉：「因以別道。」

〈經說上〉：「彼舉然者，以爲此其然也；則舉不然者而問之。」

「止」的作用就在「因以別道」，「止」是用來把一個不正確的道理，加以分別、區分；具體的運作是：當對方認爲某個道理是正確的而提出該主張，那麼我們就可以舉出例外的事例來加以反駁，例如：若有人主張所有的人是黑人，則可以舉「以人之有黑者，有不黑者也，止黑人。」（〈經說上〉）

此外，〈經下〉：「止，類以行之，說在同。」〈經說下〉：「彼以此其然也，說是其然也；我以此其不然也，疑是其然也。」這說明了「止」的步驟，如果對方的大前提「此其然也」是錯誤的，則推出的結論「是其然也」也是可疑的。因此就有必要用正確的前提「此其不然也」，來懷疑對方的結論「是其然也」。[29] 這裡墨家對於「類」的認識，掌握了其分子

---

29 孫中原，《中國邏輯學》（台北：水牛出版社，1993），頁 276。

屬性皆「同」的特徵；因此，不但能透過考察個別物的性質，比較出它們的共同性而概括出該類事物的一般屬性；同時也能夠從某類事物所具有的一般性質，推論出該類事物分子也具有這種特質。而「止」的反駁就是運用「類」與該「分子」的這種關係，來進行推論。

2.推式

「推」在前述推類法中已說明過，但從反駁理論的觀點看，〈小取〉：「推也者，以其所不取之同於其所取者，予之也。」其中，由於「其所不取」與「其所取」的兩者同類，「予之也」則是爲顯出對方的矛盾，如果對方承認自己的錯誤，而放棄原本的觀點，也就達到反駁的效果；並且，如果對方不但放棄對方原本的觀點，反而贊成我方的觀點，則在推論進行中又間接地達到證明我方觀點的正確性。因此，從「推」式運作的過程中可見其「反駁」的作用。

在〈公孟〉篇中，公孟子曰：「無鬼神。」又曰：「君子必學祭祀。」子墨子曰：「執無鬼而學祭禮，是猶無客而學客禮也，是猶無魚而爲魚罟也。」這就是以「推」式來反駁之例。其中，公孟子所取的是「無鬼神而學祭禮」，其所不取的是「無客而學客禮」，以及不取「無魚而爲魚罟」，但這後兩者與前者「無鬼神而學祭禮」是具有同樣的性質——都是自相矛盾的，墨子把這些自相矛盾的事例同時呈現在公孟子面前，這就是「予之也」，使他不得不放棄「無鬼神而學祭禮」的觀點。至此，則墨子已達到反駁的效果。至於公孟子是否爲堅持

學祭祀的觀點而必須承認有鬼神的存在，進而贊成墨子的主張，就公孟子而言或許還有可辯論的空間，但就墨子而言，則此「推」式就有一定證立鬼神存在的效果了。因爲學習待客的禮節必定是因有賓客的存在；既然做了魚網必然就有魚的存在，而學習祭禮也就必然有祭祀的對象，所以可以肯定鬼神是存在的了。

3.歸謬式

歸謬式反駁也是屬於被動的立場，待對方提出論點後，從其論點引申出明顯的矛盾，從而反駁對方的言論。其引申的方法有二，一是拉大所論事態的時空情境，另一是呈現事態發展各階段或程度的類同性與差異性。

〈非儒〉：「儒者曰：君子必古服古言然後仁。應之曰：所謂古之言服者，皆嘗新矣。而古人言之服之，則非君子也。然則必服非君子之服，言非君子之言，而後仁乎？」這種歸謬式反駁，就是拉大了儒者所謂君子所處事態的時空情境，將視域焦點挪向君子所效法的古人，從此事態起點的古人言、服皆嘗新著眼，而以「止」式歸謬：「凡君子必古服古言」與「有些君子未古服古言」不能同時成立；或故式歸謬：因爲古人未古言古服，所以古人非君子；如果君子必須仿效非君子方爲仁，則爲荒謬。

其次，在呈現事態發展各階段或程度之類同性方面，如：〈非攻上〉：「殺一人，謂之不義，必有一死罪矣。若以此說往：殺十人，十重不義，必有十死罪矣。殺百人，百重不義，

必有百死罪矣。當此天下之君子,皆知而非之,謂之不義,今至大為不義攻國,則弗知非,從而譽之,謂之義,情不知其義不義也。」這是從「攻國而譽之」的事態轉換至「殺人」的情境,殺人就其同而言不論多少皆是不義的行為。就其相異處,則殺愈多則愈不義、罪愈重。由於攻國必殺多人,所以攻國為不義,且為重罪之行為。其中也運用了「推」,殺人愈多罪愈重是其所取,攻國有罪不可譽是其所不取,然而其所取與其所不取乃是同一事態發展的不同程度但性質相類同,從而歸謬反駁了對方的論點。

孫中原先生認為這一類的錯誤可概括為「明於小而不明於大」(「知小物而不知大物」),這是恰當妥切的。[30]此外在〈非攻上〉、〈天志下〉、〈魯問〉篇中,墨子也用類似的比喻如:「小視白謂之白,大視白則謂之黑」、「少見黑曰黑,多見黑曰白」,及「少嘗苦曰苦,多嘗苦曰甘」等等來進行歸謬式反駁。

總之,墨家哲學的開墾之路是多樣而豐富的,針對不同的目的,運用各種不同的方法來證立或反駁,具有一定的說服力。其方法論的基本範疇即故、理、類,也就是〈大取〉所謂的:「以故生,以理長,以類行也者。」各種方法不論證立己論或反駁他論,經常交互配合,靈活運用,可針對現實生活中的各種情境做出調整。也因為如此,其方法論為關照到具體個別的一些特殊狀況,而未能表現出普遍有效的論證形式。

---

30 孫中原,《中國邏輯學》(台北:水牛出版社,1993),頁59。

第三節　墨家哲學的觀察之路

　　中國哲學的研究者身處的時代情境使他具備某種「已知」或「成見」做爲「觀」的根據，這些「先見」不論是偏於西方哲學或中國傳統，當觀察之路進行到一定程度時，會慢慢發現所研究的對象也有自己的開墾之路；那麼，是順著「開路」走才能還原眞象？還是順著「觀路」走才能一窺全貌？其實觀察之路與開墾之路是能有所會通的，因爲當開墾之路逐漸朗現時，開墾之路也就進入時代情境之中，「觀路」可以與「開路」合一，也可藉著「開路」超越至更高的層次進行觀察。先秦名家哲學的研究是開啓筆者探究中國哲學方法問題的機緣，由先前之「觀路」進入覺識名家之「開路」，再合匯而成新的「觀路」以治中國哲學，特別是名家的「名實」思想。其中的「名」與「範疇」有相當密切的關係[31]，而範疇不論在前述開墾之

---

[31] 範疇（Category）一辭是取《尚書·洪範》：「天乃錫禹洪範九疇」而譯。《尚書》意謂治天下之大法有九類。但範疇兩字並不相連。在中國哲學中，類似今之概念、範疇這一涵義倒是與「實」相對的「名」。《莊子·逍遙遊》：「名者，實之賓也。」《公孫龍·名實論》：「夫名，實謂也。」《墨子·小取》：「以名舉實。」名是指模擬事物實相的判斷詞。當然，也僅僅是類似，並不能充分表達我們今天稱之謂範疇的全部涵義。今所謂範疇，是指反映客觀事物最一般規定性的概念，是人們認識客體的思維形式。範疇是指每門學科的基本概念而非所有概念。參見張立文，《中國哲學邏輯結構論》（北京：中國社會科學出版社，1989），頁6-7。

路或觀察之路上，其功能、作用都是十分重要的。如湯一介主
張針對某個哲學家的概念、範疇的分析，是解剖其思想體系較
好的方法，因他認爲：「哲學家的哲學是用理論思維的形式表
達，而理論思維必定是由一系列的概念、範疇構成。」[32]這
一系列概念、範疇所構成的意義又有一定的原則將其展現出
來。如袁保新先生所列舉的六項原則，做爲詮釋合理性的形式
要求：[33]

(1)詮釋本身必須在邏輯上是一致的。

(2)必須取得文獻的印證與支持，且其詮釋觀點籠罩的文
　　獻愈廣，則詮釋愈成功。

(3)用文獻中清楚的概念解釋有疑義的部分。

(4)將經典本身視爲思想上一致和諧的整體，避免將詮釋
　　對象導入自相矛盾的立場。

(5)將詮釋主題置於其所屬的特定時代與文化背景來了
　　解，另一方面也要能抽繹出它不受時空拘限的思想觀
　　念，且儘量用現代語言與哲學經驗傳達給讀者。

(6)一項合理的詮釋，對其詮釋方法與原則應有充分的意
　　識，並願意透過與其他詮釋系統的對比，調整修正其
　　方法與原則。

這些原則確實相當有價值，且在文獻意義的認知與把握上

---

32 湯一介，《郭象與魏晉玄學》（中和：谷風出版社，1987），頁232。
33 袁保新，〈老子形上思想之重建〉（文化大學哲學研究所博士論文，
　　1983），頁100-101。

建立起一定的可依循標準。其中第五項原則也涉及了詮釋後在表達上的要求，而表達本身結構的系統化應有助於「觀察之路」的發展。因此，如何於意義把握之後，建立一種有效的表達方式，也是中國哲學方法問題的重要一環。

在筆者所著《先秦名家名實思想探析》一書中指出：名家的名實思想具有相當的理性自覺及要求正確的認知、表達等特質，正可以提供一種有所助益的「方法」。此方法在程序與規則方面：《鄧析子》的循名責實、因之循理、依類辯故、參轉不亂；惠施的確定觀點、相對比較、異中求同、氾愛以知；《尹文子》的名以檢形、形以定名、名以定事、事以檢名；《公孫龍子》的實隨物變、名隨實轉、一名一實、名副其實；及名依實而立，但隨謂而用；謂中見新實、新實立新名等；都是可資參考應用的原則，藉以確定概念的意義，理解思想的內涵。[34]

此外，「名」所包含的指涉性、約定性、界定性，及其互動性、增長性、含糊性等性質，也可幫助我們在整理中國哲學思想時，澄清一些可能的誤解。其中，(1)名的指涉性是指名必須關涉及實才有意義，也就是〈經說上〉所謂：「所以謂，名也；所謂，實也。」(2)約定性是指名的指涉功能、表達作用，必須要遵守共同的約定才能達成；(3)界定性是指名的意義與內涵有一定的範圍，一方面呈現所認知的對象，另一方面也限定了此一對象；(4)互動性是指相應於實的變化，以及表

---

34 李賢中，《先秦名家名實思想探析》（台北：文史哲，1992），頁218-219。

達者所謂的轉變而使名的意義有所改變；(5)增長性是指有些名的意義會在實際使用中，隨著使用者的需要不斷地增加其內涵；(6)含糊性是指名在實際使用中，會有「同名異謂」、「異名同謂」的情況，或在相關線索不充分時，無法判定該名的意義。

　　名與名的連結構成語句，句與句的連結構成思想，在思想的表達形式方面，名家的思想常是以辯論或對談的方式呈現，不論回答對方的問題，或自問自答，其中一問一答的形式或隱或顯，總含蘊著答中帶問、問中帶答的方式作爲思考、表達進行的路徑。

　　以下參考《先秦名家名實思想探析》結論中用來整理已有的材料，或進一步發展思考的研究方法，這種方法具備：概念意義的確定性、思想遞衍的邏輯性、理論架構的開放性，與系統學說的完整性。以此方法運用於墨學思想之研究，其特徵如下：

　　第一，從概念意義的確定性來看，除了字源意義、一般使用的約定性意義之外，就「名」的互動性而言，應說明其所「謂」之「實」的觀點與論域爲何；就「名」的增長性而言，應說明其異於俗約的特殊或新增的意義爲何；如此以避免「名」的含糊性，進而獲得「名」的界定性。此相當於創造詮釋學之「實謂」、「意謂」層次；也相當於範疇解釋學中的具體解釋層次。

　　第二，就思想遞衍的邏輯性來看，進行思考或表達思想時，由概念群形成的每一單位思想與其他概念群形成的另一單

位思想，兩者間必須具有明顯的因果關係；這種因果關係因各人思路進展的方向不同，不必然要求為整體性的，但至少前一單位思想中的某一部分，與後一單位的某一部分，兩者須有因果關係。此相當於範疇解釋學中的義理解釋層次，並運用系統研究法，以問答的形式呈現其思路發展上的因果關係。

第三，就理論架構的開放性而言，在思考與表達的形式上不能是封閉、僵化的；這種形式必須是隨時可以在單位思想與單位思想間，加添新的概念群、構成新的單位思想；或將原來的單位思想再細分為數個單位思想，而可繼續發展下去。這種開放性不僅向更廣的知識領域開放，並且也向建立理論系統的思考者開放。此相當於創造詮釋學之「蘊謂」層次；並以基源問題研究法重新還原，來建構墨學理論。

第四，就系統學說的完整性而言，是相對的；對外，可從單位思想群所構成的系統學說與另一系統學說互相對比而見，何者包容性較大，則較完整（這種對比是由各系統中取擇出相同或相類的單位思想相比，或在各自單位思想中相同或相似的概念相比；倘若兩系統學說毫無交集的單位思想，那麼除非出現第三個能將原先兩系統學說包容在內的更大系統，構成彼此的關係，不然就無法對比，完整性也呈現不出來）。對內，可以由建構者前、後系統的差異來比較，通常後起的系統其在單位思想間所添加析出的細部單位思想較多，多者則較完整。此相當於創造詮釋學之「當謂」層次；探究墨家於現在應當說些什麼。

由上述，概念構成單位思想，而單位思想又可構成系統學

說；因此，這種「方法」的關鍵在於「單位思想」的確立，筆者認爲以「一問答」爲「一單位思想」是可行的，因爲問答形式是將各人思想紛雜不同的表達方式轉換爲可納入序列、建立秩序的一種極佳方式，且系統的建立就在於每一單位思想間，答由問而來、後一問由前一答而來地環環相扣。因爲人在作理性思考時，或隱或顯，都離不開問答的形式；在現實生活中也有許多時候必須應用問答的方式來表達自己的思想、了解別人的想法，諸如：記者採訪、律師辯護、立委質詢、心理輔導、老師的教學、考試……，不論是回答別人的問題，或是自問自答，都包含著整理思想、系統呈現的作用。因此，就理性的思想而言，「問答」是可以成爲普遍約定的一種方式；故所謂的「單位思想」即「一問答」。

又如何以問答的方式將單位思想納入序列、建立系統，而可以符合前述的四種特徵？我們嘗試借用數列的原本秩序性爲基本結構，表呈如下：

$$
M : \begin{cases} S : \begin{cases} Q_{a1} \to Q_{an} : Q_{a1} \longleftrightarrow Q_{a2} \longleftrightarrow Q_{a3} \cdots\cdots Q_{an} \\ Q_{a1} \to Q_{a2} : Q_{a1.1} \longleftrightarrow Q_{a1.2} \longleftrightarrow Q_{a1.3} \cdots\cdots Q_{a2} \\ Q_{a1.1} \to Q_{a1.2} : Q_{a1.11} \longleftrightarrow Q_{a1.12} \longleftrightarrow Q_{a1.13} \cdots\cdots Q_{a1.2} \\ \vdots \end{cases} \\ -S : \begin{cases} -Q_{a1} , -Q_{a2} , -Q_{a3} \cdots\cdots -Q_{an} \\ -Q_{a1.1} , -Q_{a1.2} , -Q_{a1.3} \cdots\cdots -Q_{a1.9} \\ -Q_{a1.11} , -Q_{a1.12} , -Q_{a1.13} \cdots\cdots -Q_{a1.19} \\ \vdots \end{cases} \end{cases}
$$

說明：(1)此方法 M，包含呈現的部分 S，與預備呈現的部分 -S。

(2)S 是進行思考或表達的系統形式。

(3)Q_a 為單位思想，為 S 中之元素。

(4)-S 是每一單位思想之觀點、論域及概念意義界定性之說明（特徵一）。這種說明應視表達對象的需要而呈現或不須呈現。

(5)-Q_a 為 -S 中之元素，與 S 中的 Q_a 一一對應。

(6)→代表思路的發展方向。

(7)←→代表單位思想與單位思想間的因果關係（特徵二）。

(8)正、負整數、小數雖以十進位法為模型，但不必然受十進位法限制，可視系統本身需要而調整。

(9)……代表此理論架構的開放性（特徵三）。

(10)系統理論的完成不必然會如左頁結構圖的理想形式，通常會有跳躍，須爾後的研究者作補全、修正的工作。但就建構思想者階段性的完成而言，有其相對之完整性，須與其他系統對比，方能顯示其完整之程度（特徵四）。

這種「方法」的構想，還涉及：將思想轉化為問題的過程、問題本身的結構、回答內容的分析、問答間的各種關係、影響思路發展的合理性標準、單位思想階層性的區分、兩系統

的對比融合等許多細節的處理。

觀察之路與所觀察的對象有關,這種「方法」的運用與實際操作結果,將在下兩節中呈現。

第四節　墨子思想的基本結構

一、基源問題

墨子為戰國初年魯國人,他曾說:「凡入國,必擇務而從事焉,國家昏亂,則語之尚賢、尚同;國家貧,則語之節用、節葬;國家憙音湛湎,則語之非樂、非命;國家淫僻無禮,則語之尊天、事鬼;國家務奪侵凌,則語之兼愛、非攻。」(〈魯問〉)由此可見,其思想以:尚賢、尚同、節用、節葬、非樂、非命、尊天、事鬼、兼愛、非攻為主要內容。本節即以此「子墨子言曰」的十論為範圍,探究其思想的基本結構。

思想產生的因素有許多,不論是外在的社會因素、文化的因素,或內在的思維方式、觀點取擇等,都充滿著變化。所謂「結構」是指:對應於變化現象所產生的思想中之不變的成分,此不變的成分如同一骨架,思想內容是依附此不變的骨架而呈現;而思想結構常可以主導題材、概念範疇或基源問題的方式被還原。

所謂主導題材,是對某一思想所處理之哲學問題的分類,

如墨子十論所涉及的主導題材涉及：政治、經濟、倫理等類型的哲學問題。所謂「範疇」是指某一思想的基本概念，而非所有概念，是反映思維對象最一般規定性的概念。如在墨子十論中的兼愛、尚同、義等基本概念。[35] 至於基源問題所導生的結構系統，則是本節所採取的表述方式。

　　所謂「基源問題」，是指某一個人或學派的思想理論，基本上必然是針對某一核心問題的解答，進而推展開的系統化理論；為解答某一基源問題，必引申出許多次級的問題，為解答這些次級的問題又會引申出再次級的問題，如此層層相關的問答系列即構成某一思想的基本結構。例如：湯一介認為，從漢末到魏晉的思想發展，「才性問題」是要給人性找存在的根據，「有無問題」是要給天地萬有找存在的根據，「一多問題」是要給社會找存在的根據，「聖人問題」則是給當時人們的理想人格找根據。從這幾個方面構成了一個總結問題，就是：「宇宙人生的存在的根據為何？」[36] 此即其基源問題，而上述之：才性、有無、一多、聖人等問題則為其理論之次級問題。墨子思想當然也有其基源問題，其基源問題是他在十論各篇多次提出的：「仁人、聖王之事者，必務求興天下之利，除天下

35 梁啓超《墨子學案》說：「墨子所標綱領，雖說十條，其實只從一個根本觀念出來，就是兼愛。」唐君毅《中國哲學原論》則認為，貫穿墨子學說的是一個「義」字。楊俊光認為墨學實以政治思想為主體，在政治思想中又以「尚同」為第一義。參見譚家健，《墨子研究》（貴陽：貴州教育出版社，1995），頁13-14。

36 湯一介，《郭象與魏晉玄學》（中和：谷風出版社，1987），頁23-24。

之害。」對應於墨子的時代也就是：「如何治天下之亂，以實際改善社會大眾的生活？」其中包含著墨子所觀察與把握到的——天下亂象爲何？以及墨子對於此一現象原因的推究——天下爲何會亂？還有墨子對於相關問題的處理與解決——如何治天下之亂，進而實際改善社會大眾的生活？以下，就從其基源問題所從出的現象出發，還原墨子思想的基本結構。

二、基本結構

1.天下之亂象爲何？

首先，將相關原文節錄於下：

1.1〈兼愛上〉：「臣子之不孝君父，所謂亂也。子自愛，不愛父，故虧父而自利；弟自愛，不愛兄，故虧兄而自利；臣自愛，不愛君，故虧君而自利；此所謂亂也。雖父之不慈子，兄之不慈弟，君之不慈臣，此亦天下之所謂亂也。」

1.2〈尚同中〉：「內之父子兄弟作怨讎，皆有離散之心，不能相和合，至乎舍餘力不以相勞，隱匿良道，不以相教，腐朽餘財，不以相分，天下之亂也，至如禽獸然，無君臣上下長幼之節，父子兄弟之禮，是以天下亂焉。」

1.3〈明鬼下〉：「逮至昔三代聖王既沒，天下失義，諸侯力正（征）。是以存夫爲人君臣上下者之不惠忠也，

父子、兄弟之不慈孝弟長貞良也。正長之不強於聽
　　治，賤人之不強於從事也。民之為淫暴、寇亂、盜
　　賊，以兵刃、毒藥、水火，退無罪人乎道路率徑，奪
　　人車馬、衣裘，以自利者並作。由此始，是以天下
　　亂。」

　　墨子所觀察到的亂象，主要著眼在人際的互動上，失去了
原本應然的關係，不論在血親的父子、兄弟，家族的長幼、上
下，社會的正長、賤人，國家的君臣關係，乃至民與民的關
係，都失去了應有的禮節與秩序，諸侯間相互的戰爭，人人自
私自利是此一亂象的原因。

2.天下何以會亂？

　　2.1 起於不相愛，天下之人虧人而自利。（〈兼愛上〉）
　　2.2 起於民之無正長以一同天下之義。（〈尚同中〉）
　　2.3 起於使不智慧者治國家也。（〈尚賢中〉）
　　2.4 起於天下士君子不明於天意，天下無義。（〈天志下〉）
　　2.5 起於疑惑鬼神之有與無之別，不明乎鬼神之能賞賢而
　　　　罰暴也。（〈明鬼下〉）

　　上述五點正是墨子原典中直接提到造成天下亂的原因，所
引皆節錄自原典中，為凸顯其結構性之理路，故以較簡明的方
式呈現。

3.如何治天下之亂？

　　3.1 使天下人兼相愛、交相利。（→2.1）

3.11 為何必須兼相愛？愛人利人乃順天意。（〈天志上〉）

3.12 如何兼相愛？兼以易別，愛人之身（室、家、國）若其身（室、家、國）。（〈兼愛上〉）

3.13 兼愛是否可行？兼士、兼君為天下人所取，且先聖六王親行之，故兼愛可行。（〈兼愛下〉）

3.14 兼愛之效果如何？天下富而不貧，治而不亂。君惠、臣忠、父慈、子孝、兄友、弟悌，萬民大利。（〈兼愛中〉）

3.15 如何推廣兼愛思想？使上悅之，勸之以賞譽，威之以刑罰，兼愛交利猶火之就上，水之就下，不可防止於天下。（〈兼愛下〉）

3.2 立正長以一同天下之義。（→2.2）

3.21 正長如何產生？選立天下賢良聖知辯慧之人，立以為天子、三公、諸侯、國君、將軍、大夫、鄉里之長。（〈尚同中〉）

3.22 如何一同天下之義？凡聞見善與不善必告其上，上之所是，必皆是之；上之所非，必皆非之。（〈尚同上〉）上得下之情，賞善罰暴。（〈尚同下〉）

3.23 尚同的終極根源為何？尚同於天，可以治天下、國家。（〈尚同下〉）

3.24 尚同所「同」之內涵為何？學上之善言、善行，一同天下之義。（〈尚同上〉）

3.25 尚同的效果如何？國富、民眾、刑治、社稷定。（〈尚同中〉）家治、國治、天下治。（〈尚同下〉）

3.3 尚賢使能以爲政。（→2.3）

3.31 何謂賢能者？(1)厚乎德行，辯乎言談，博乎道術者。（〈尚賢上〉）(2)竭四肢之力以任君之事，終身不倦，若有美善則歸之上而怨謗在下。（〈尚賢中〉）(3)有力者疾以助人，有財者勉以分人，有道者勸以教人。（〈尚賢下〉）

3.32 如何尚賢事能？(1)不黨父兄，不偏富貴，不嬖顏色，賢者舉而尚之。（〈尚賢中〉）(2)聽其言，跡其行，察其所能而愼予官。（〈尚賢中〉）(3)高予之爵，重予之祿，任之以事，斷予之令；富之、貴之、敬之、譽之。（〈尚賢上〉）

3.33 賢能者如何治國邑？早朝晏退，聽獄治政；夜寢夙興，收斂關市、山林、澤梁之利；早出暮入，耕稼、樹藝、聚菽粟，是以菽粟多而民足乎食，故國家治，則刑法正，官府實則萬民富。（〈尚賢中〉）

3.34 何以知尚賢爲政之本？自貴且智者，爲政乎愚且賤，則治；自愚且賤者，爲政乎貴且智者，則亂；是以知尚賢爲政之本也。（〈尚賢中〉）

3.35 尚賢使能以爲政的根據爲何？取法於天。雖天亦不辯貧富貴賤，遠邇親疏，賢者舉而尚之，不肖者抑而廢之。（〈尚賢中〉）

3.4 明天之義，義自天出。順天之意，義之法也。（→2.4）

3.41 何以知義之出於天？義不從愚且賤者出，必自貴且知

者出。天爲貴，天爲知。（〈天志中〉）

3.42爲何需順天之意？天之愛天下百姓；順天意者，義政
　　也；天下有義則治，無義則亂。（〈天志上、中〉）

3.43天意之欲憎爲何？天之意不欲大國之攻小國，大家之
　　亂小家，強之暴寡，詐之謀愚，貴之傲賤。欲人有力
　　相營，有道相教，有財相分；又欲上之強聽治，下之
　　強從事也。（〈天志中〉）天欲義，惡其不義者也。
　　（〈天志下〉）

3.44如何順天之意？兼愛天下之人。（〈天志下〉）

3.45倘若不順從天意如何？爲天之所不欲，則夫天亦且不
　　爲人所欲矣。（〈天志中〉）

3.5明乎、信乎鬼神之能賞賢罰暴。（→2.5）

3.51判定鬼神有無的標準爲何？以眾之耳目之實知有與
　　無。以眾之所同見、同聞爲標準。古者聖王之事、先
　　王之書亦可證。（〈明鬼下〉）

3.52神的種類有哪些？天鬼、山水鬼神、人死爲鬼。
　　（〈明鬼下〉）

3.53何以知鬼神能賞賢罰暴？如句芒神賞賜鄭穆公壽十九
　　年；杜伯之鬼殺周宣王、莊子儀殺燕簡公、羭神擊觀
　　辜、死羊觸中里繳等等。（〈明鬼下〉）

3.54鬼神的賞罰原則爲何？鬼神之所賞，無小必賞之；鬼
　　神之所罰，無大必罰之。（〈明鬼下〉）

3.55明乎信乎鬼神之能賞賢罰暴的效果如何？吏治官府不
　　敢不廉潔；見善，不敢不賞；見暴，不敢不罪。民之

為淫暴、寇亂、盜賊，以兵刃、毒藥、水火，退無罪
人乎道路，奪車馬、衣裘以自利者，由此止。（〈明
鬼下〉）

4.如何實際改善社會大眾的生活？

4.1止息侵略戰爭。（〈非攻〉）

4.11為何有戰爭？貪伐勝之名，圖謀戰利。（〈非攻中〉）

4.12發動戰爭有何不利？季節上的困難、荒廢農時、破壞
物資、人員傷亡、鬼神無人祭祀。縱使少數國家獲
利，但多數國家遭害；縱使一時勝利，但長久觀之終
究失敗。（〈非攻中〉）

4.13為何反對戰爭？攻國多殺不辜人，乃大不義，虧人愈
多，不仁茲甚，罪益厚，故應非之。（〈非攻上〉）

4.14若以攻伐為不義，為何禹征有苗、湯伐桀、武王伐
紂，皆立為聖王？「攻」與「誅」不同，誅乃以有義
伐無義。（〈非攻下〉）

4.2去無用之費，提倡節儉。（〈節用〉、〈節葬〉）

4.21在現實生活中，統治階層在哪些方面必須節儉？飲
食、衣服、宮室、舟車、葬埋。（〈節用上、中〉）

4.22節用的原則為何？百工各從事其所能，凡足以奉給民
用則止；諸加費不加於民利者，聖王弗為。（〈節用
中〉）

4.23飲食方面如何節用？足以充虛繼氣，強股肱，耳目聰
明，則止。（〈節用中〉）

4.24衣服方面如何節用？足以禦寒、夏以避暑即可。
（〈節用中〉）

4.25宮室方面如何節用？能避潤濕、禦風寒、能祭祀、別
男女即可。（〈節用中〉）

4.26舟車方面如何節用？能完固輕利、任重致遠、乘之則
安即可。（〈節用中〉）

4.27葬埋方面如何節用？棺三寸，足以朽骨，衣三領，足
以朽肉，掘地之深，下無菹漏，氣無發洩於上，壟足
以期其所則止矣。哭往哭來，反從事乎衣食之財。
（〈節葬下〉）

4.3避免虧奪民衣食之財以俯樂。（〈非樂〉）

4.31為「樂」之內涵為何？樂器的製作、演奏、舞蹈與欣
賞等。（〈非樂上〉）

4.32為樂之害為何？造為樂器必厚措歛乎萬民，演奏與舞
者寄食於人且虛擲生產力，聽樂者或廢君子之聽治，
或廢賤人之從事。（〈非樂上〉）

4.33為何非樂？虧奪民衣食之財，上考之不中聖王之事，
下度之不中萬民之利；為樂不若舟車實用，不能解決
民之所患。（〈非樂上〉）

4.34民之所患為何？饑者不得食，寒者不得衣，勞者不得
息。國家之間戰爭，強劫弱、眾暴寡、詐欺愚、貴傲
賤、寇亂盜賊並興，不可禁止。（〈非樂上〉）

4.4各人在自己的職分上強勁從事，努力不懈。（〈非命〉）

4.41為何必須強勁從事？因強必治、強必寧、強必貴、強

必榮、強必富、強必飽、強必暖；不強必亂、必危、必賤、必辱、必貧、必饑、必寒。（〈非命下〉）

4.42為何有不強從事者？執有命而致行之，逃避己身應負之責任，而曰「我命固且貧」、「吾命固失之」。（〈非命上〉）

4.43「命」的說法由何而來？暴王所作、窮人所術。（〈非命下〉）

4.44執有命的結果如何？王公大人怠乎聽獄治政，卿大夫怠乎治官府，農夫怠乎耕稼、樹藝，婦人怠乎紡績、織紝；上不聽政則刑政亂，下不從事則財用不足；天鬼不使、百姓不利、入守不固、出誅不勝，國不得富而得貧，不得眾而得寡，不得治而得亂。（〈非命上、下〉）

4.45如何非命？立儀而言，以本之者、原之者、用之者三表法驗明有「命」之誤。（〈非命上、中、下〉）

以上為墨子思想之基本結構，若做更進一步的分析，可以再分出更細的問題，如：

3.131行兼愛是否不得親之利而有害於孝？必吾先從事乎愛利人之親，然後人報我以愛利吾親也。（〈兼愛下〉）

3.221上之所是，必皆是之，然上有過如何？上有過，規諫之。（〈尚同中〉）

3.451人之所不欲者為何？病疾禍祟。（〈天志中〉）

4.271為何必須節葬？以厚葬久喪者為政，國家必貧，人

民必寡，刑政必亂。（〈節葬下〉）

4.451何謂三表法？上本之於古者聖王之事，下原察百姓
耳目之實，發以爲刑政，觀其中國家百姓人民之
利，此所謂言有三表也。（〈非命上〉）

這種問答型態的基本結構，可以呈現墨子思路的發展方
向，原典中的內容皆可以逐步吸納入此一系統中，並且每一問
題的解答會隨著研究者所處情境的不同，而發展出不同的看
法，進而提出不同的問題，此意謂著某一思想基本結構的確
立，將有助於該思想在各層面的擴展。

第五節　墨子思想的可能擴展

墨子思想的擴展，一方面要把握其思想的精神、原則而運
用於解決不同領域的問題；另一方面則須加以批判，指出其中
不盡合理的部分而予以修正。前者，如王讚源先生嘗試將墨子
的治國理論轉化應用於企業管理，寫成〈墨子的管理思想〉，
其中他將貴義、兼愛詮釋爲「義利合一，彼此互惠」，用之於
企業，以滿足彼此的自私，兼顧彼此的利益，解決彼此需要，
最符合人性的管理。並又指出貴義、兼愛可當做企業的經營理
念或最高目標，也可做爲企業倫理的原則，可以提升管理品
質，塑造優良的企業文化，達成企業的永續經營。[37]後者，

---

37 王讚源，《墨子》（台北：東大圖書公司，1996），頁274-294。

如譚家健先生對於〈非樂〉的批評，他說：「第一，墨子非樂說明他完全不了解文化藝術活動的社會效益。第二，從狹隘的實用主義出發，墨子不了解藝術欣賞與生產中的直接消耗與間接的歷史效益之間的辯證關係。第三，墨子由憎恨、譴責少數統治者追求奢侈賞樂的特權，進而否認大多數人也應該有藝術享受的權利。」[38]這些都可說是對墨子思想的一種發展；然而如何才能比較全面性、系統性地擴展墨子思想，則是本節嘗試發展的另一種形式。

分析墨子的思想結構，可含括：

(1)對於所觀察到的現象之描述。（天下之亂象為何？）

(2)解釋現象中的因果關係。（天下為何會亂？）

(3)設法解決在現象中的問題。（如何治天下之亂？）

(4)落實解決方案的可行性與有效性。（如何實際改善社會大眾的生活？）

擴展墨子思想則須追問：

(1)墨子所觀察到的現象整體為何？

(2)現象中的因果聯繫是否完整把握？

(3)問題的解決是理論的重點，此與現象中因果聯繫的掌握有密切的關係，由於提出的解決方案往往從「因」入手，如為避免某種「果」則須避免其「因」，或為獲

---

38 譚家健，《墨子研究》（貴陽：貴州教育出版社，1995），頁175-177。

致某種「果」而促成其「因」的發生；但若對因果關
係掌握不全，則其方案必有困難；是故須探究其所提
辦法能解決問題的程度如何？

(4)解決方案的可行性與有效性，與時代背景、文化因素
有關。然而，凡有價值之思想理論，不僅在當時發揮
一定影響力，也能對今日的問題提供借鑑之效。是
故，墨子之解決方案在今日落實的可能性如何？也是
值得一探究竟的。

首先，墨子所描述的亂象主要呈現在原本應然的人際關係
之破壞，而對此一亂象原因的推究包括：人性上的自私、社會
階級的失序、管理者的愚昧，及人們在心靈上不再有終極權威
的依歸，所以用〈兼愛〉、〈尚同〉、〈尚賢〉、〈天志〉、〈明
鬼〉為對治之道。在人民生活方面，墨子所觀察的現象較注重
物質生活的呈現，故於〈節用〉、〈節葬〉對於食、衣、住、
行、喪葬等層面，就全體社會的需要，提出節約之道；在精神
生活的觀察方面，雖然墨子在〈非命〉篇強調「強從事」的努
力奮發態度，但在休閒娛樂上，〈非樂〉卻否定藝術活動的價
值，而〈非攻〉則要解決整個生存環境受到嚴重威脅的問題；
整體而言，墨子所觀察的現象較偏重在物質生活的描述，其所
提出的解決之道，也比較傾向滿足人們在物質生活上的需要。

所觀察到的現象整體會限制因果聯繫的推論，以下嘗試對
墨子思想基本結構中「為何……」、「如何……」的因果聯繫
做一些擴展性思考：就「天下為何會亂？」而言，先秦各家的

解答各有不同，如：孔孟以周文疲弊，禮制崩解，人未能發揮本心善性，未能攝禮歸義、歸仁，故天下亂。老莊則以「大道廢，有仁義」，禮制的僵化、物質欲望的無限追求，使人心發狂，人未能見素抱樸，回歸自然，故天下亂。韓非以人性自為，人人自私自利，而主治者無勢，不能使民貪利、畏威、好名，事不能統之於「法」，故天下亂。公孫龍雖未直接論及天下亂因，但其〈名實論〉云：「至矣哉，古之明王，審其名實，慎其所謂。」此意謂天下之亂與未能「正名」有關。如此可見，對同一問題有許多不同的觀點與看法。此外，墨子所處時代的各區域文化差異、各民族的互動關係，及相關的自然因素變化，也都可能是天下亂的成因之一；因此，就此一問題而言，還有許多值得探討的空間。

　　至於「如何治天下之亂？」墨子所提出的解答，當然與他所掌握的「為何」之因有關，擴展其思想，一方面可順其思路做進一步的探問（q），另一方面也可從不同的觀點提問（p）。如：

　　3.11q1我們如何知道具體的天意？q2是否人人皆可知天
　　　　意為何？……

　　3.12q1愛人之身若其身如何可能？q2是否有某種心性論
　　　　能支持這種可能性？q3縱使人可以愛人之身若其
　　　　身，是否必然推出也得以愛人家、國若其家、國？
　　　　……p1何謂「愛」？……

　　3.21q1誰來選立天下賢可者立為天子？q2如何選？q3多
　　　　久選一次？……

3.22q1善與不善的標準爲何？q2如何告其上？q3在上者
又如何能得下之情？……

3.31p1如何使人知其爲賢能者？p2以今日的標準而言，
博乎「道術」的內涵爲何？……

3.32q1對於賢者，重予祿而富之，是否與節用思想不合？
……

3.44q1天是否兼愛天下之人？q2天若兼愛天下之人，爲
何會有天災人禍、民不聊生之事？……

3.45q1爲何有人不順天意卻未受罰，而順天意者亦未得
賞？……

4.11q1若戰未必勝，未必得利，而仍有人戰，其理由爲
何？……

4.14q1有義與無義、誅與攻是否有客觀判定的標準？……

4.22q1奉給「民用」則止，然各人需求不同，如何可謂節
用？q2同一人在不同年齡或不同環境，其需求不
同，節用之標準又如何確立？……p1從現在的眼光
來看，提高消費可刺激生產，全面節約是否有助國
家經濟發展？……

4.32q1聽樂是否必然廢君子聽治、賤人從事？……

4.34q1音樂可使人放鬆，使勞者得息，除民之患，爲何非
樂？……

4.42q1執有命者是否必然導致不強從事的消極態度？……

4.45q1「命」乃無形之物，何能以「原之者」，下原察百
姓耳目之實，證其有無？……

再一方面，爲擴展墨子的思想也可與當代的思潮做比較，由於各種思潮理論所建構的情境已與墨子的時代不同，因此所觀察到的現象、所提出的問題與解決的方案也會有所不同，透過相互的比較，可使墨子思想在其原有的基本精神與既有的結構下，發展爲更細密的思想體系。例如：將墨子思想與「爲謀求大多數的最大幸福」之「功利主義」相比，墨子兼愛的結果，似乎只爲達到國富、民衆、刑治、社稷定；饑者得食、寒者得衣、勞者得息的「安定」生活而已，而與西方功利主義以「快樂」或「幸福」爲核心的思想不完全相同。[39] 其實，這一部分可以藉著兼愛理論的深化及人性欲望論的再建構來解決。又如：將墨子思想與「以實際的效果作爲眞理標準」的「實用主義」相比較，可以發現墨子的思想雖然也重視行爲的實效，也看重事實和經驗，但他並不是完全以現實利益爲其思想的重心，因爲他的「兼愛」包含著犧牲和奉獻，這從他「摩頂放踵，利天下爲之。」（《孟子·盡心上》）及他對禹的稱道：「腓無胈，脛無毛，沐甚雨，櫛疾風。」（《莊子·天下》）可見他眞是爲天下之利而自苦爲極的實踐者。因此，對於實用主義的批評未必能加諸於墨學。[40] 不過在經過比較之後，對於墨子思想的基源問題：「如何治天下之亂？」可以做現代的詮釋，也就是：墨子是把握住他那個時代的關鍵性問題，並做出

---

39 譚宇權，《墨子思想評論》（台北：文津出版社，1991），頁132。

40 譚宇權評論：「墨聖人所從事思考的問題，無非是現實社會的大事，而不是人類未來或長遠的問題。」見譚宇權，《墨子思想評論》（台北：文津出版社，1991），頁216。

理論與實踐上的回應。我們擴展墨子思想，或以此精神來回應
我們時代的關鍵性問題，或仍可以此基源問題的形式呈現，而
對於「亂」的內涵做更深入的分析，進而在兼愛的精神下，提
出解決之道。

　　鑑往知來，墨子的方案能否為今日所用？就時空背景的差
距而言，墨子許多改善人民生活的方法，在今日已不適用，如
今日火葬已相當普遍，墨子的節葬方案在實際做法上已不為現
代人所取；但在節省用度、節約土地、為生者設想的精神則是
一致的；非攻的方式，墨子是可以連趕十晝夜止楚攻宋，今日
可能一通熱線電話，就能避免戰爭的爆發；墨子發明許多守城
的武器與戰術，當然不適合今日的戰場，但是今日禁止核武擴
散條約，及許多國際間和平條約的訂立，其追求和平的精神則
與墨子是一致的。墨子兼愛是對人類全體之愛，不只愛今世之
人，連古代的、未來的人，也都是他所愛的對象。[41] 此看似
高遠的理想，似乎遙不可及，但是想想我們今日對於古蹟的保
護，對於出土文物的重視，對於古聖先賢思想的繼往開來，對
於祖先的慎終追遠等等，這些不都是對古人的愛嗎？如今全球
的環保意識覺醒，水質、空氣、環境的污染，是各國極力避免
的事，大家都希望留給後代子孫青山綠水，而不是毫無節制地
耗盡地球的資源，這不是對未來人類的愛嗎？誰說兼愛不可行
呢？所以墨子方案的可用性，不在其當時具體的措施，而是超
越時空的思想原則與精神。我們今日更需學習墨子的，就是他

---

41 〈大取〉：「愛尚世與愛後世一若今世之人也。」

力行實踐的典範，使其務實、和平、兼愛的精神，能更有效地
落實於今日世界；而今日努力擴展墨學的理論，深化墨家的思
想，也才能將其精神落實於未來的世界。

第三章
《墨辯》的方法研究

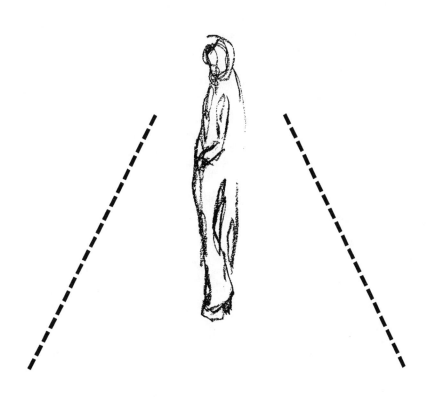

第一節 《墨辯》思維方法的整體觀

晉朝魯勝《墨辯注》序云:「墨子著書,作辯經以立名本。」意謂《墨經》是墨翟自著。清朝畢沅作《墨子注》云:「此翟自著,故號曰經。」墨家的始祖墨翟,為戰國時代魯人。據孫詒讓的墨子年表,墨子的生卒約在周定王元年(西元前四六八年)至周安王二六年(西元前三七六年)之間[1],其生活年代略後於孔子而先於孟子。嚴靈峰先生說:「論語不言墨子,而墨子稱孔子;莊子剽剝儒、墨,孟子闢斥楊、墨;而墨子不及孟、莊。墨子生在孔、孟之間,大抵可信。」[2]

《漢書·藝文志》列《墨子》七十一篇,至宋朝前後亡佚了十八篇,現存者僅有五十三篇,其中〈經上〉、〈經下〉、〈經說上〉、〈經說下〉、〈大取〉、〈小取〉六篇,為墨家邏輯學與自然科學思想,又稱《墨辯》。方授楚認為此六篇均為墨家後學所著[3],嚴靈峰認為〈經上〉、〈經下〉為墨翟自撰,其理由有四:(1)此經不稱「子墨子曰」;(2)為辭類定義之體,與墨子思想相合;(3)《晉書·魯勝傳》有云其「作辯經以立名本」;(4)《莊子·天下》有云莊子後學「俱誦墨經」。

---

1 孫詒讓,《墨子閒詁》(台北:華正書局,1987),頁641-643。

2 嚴靈峰,《無求備齋選集·經子叢書第十冊》(台北:中華書局,1983),頁147。

3 方授楚,《墨學源流》(台北:中華書局,1966),頁43

^{4}李漁叔則強調，魯勝是晉初人，其所聞見，自必遠較後世爲詳，而其《墨辯注》序有云：「《墨經》有上、下經，經各有說，凡四篇。」故〈經上、下〉及〈經說上、下〉四篇當爲墨子自著，或至少亦係及門弟子傳承講授者所記錄而成。^{5}方孝博則綜合詹劍峰、梁啓超、欒調甫、譚戒甫、高亨、汪中、孫詒讓、侯外廬、杜國庠等人不同看法，主張：〈經上、下〉、〈經說上、下〉及〈大取〉、〈小取〉這六篇文字，既是墨翟和他的門人後學集體的著作，又是在較長時期中，不斷研究增益組織加工而成的，總的說來，寫作年代應在西元前四百多年到二百四十年之間，最後寫定的時間，約當荀子的時代。^{6}此說雖較爲寬泛，但在現有證據並不十分確切的情況下，方孝博的主張是可資參考的。

其中，〈大、小取〉的內容主要以愛利、辯學問題爲主，也包含墨家表達自然科學與社會科學的語言工具，《墨經》的〈經上、下〉、〈經說上、下〉四篇中的自然科內容較多，但也包含著認知的相關理論。

本章將《墨辯》分爲名辯、自然科學、倫理三方面探索其思維方法，藉由觀察之路釐清其更深層的開墾之路。由於墨家這部分的材料，其因果關聯性，並不如「十論」明顯，因此在

---

4 嚴靈峰，《無求備齋選集・經子叢書第十冊》（台北：中華書局，1983），頁178-179。

5 李漁叔，《墨辯新注》（台北：商務印書館，1966），頁1-24

6 方孝博，《墨經中的數學和物理學》（北京：中國社會科學出版社，1983），頁2-4。

處理上，雖以數列的方式呈現，但較無直接的問答對應關係。但仍盡可能說明上述三大範疇思維方法，有它們在同一思想系統中的關聯性，例如以下各節中：3.11與2.32，3.12與2.34，4.32與2.115……的關係。名辯思想是工具，科學思想是應用，倫理思想是價值方向，它們的關係是：應用工具以達成目標。科學思想需要名辯的工具，倫理思想也需要名辯的工具。科學思想反映物質事實、變化律則，而倫理思想則影響科學理論的應用。

　　從名辯思想的觀點，認知、名、辭、說、辯的理論架構可以統攝自然科學與倫理思想的思考方式，如：探究在自然科學與倫理的範疇內有什麼事物可以認識？《墨辯》作者在其中想要認識的是什麼？認識到的又是什麼？如何將認識到的事物表達出來，傳達使人明瞭？……。由此，我們可以進一步省思：今日秉持墨學的精神我們已認識什麼？應認識什麼？可認識什麼？如何發揚墨學的思想？如何能使墨學的理想普及與實踐？等等具發展性的問題。

　　以科學思想的發問型態來看，3.31所問：觀察者所觀察到的現象整體為何？與3.38所問：如何以理論的建構反映現象整體的因果關係？如此提問的前後都與其價值觀及理念有關，觀察者為何會關懷某一類的現象？現象中的因果關係把握住了，又為了什麼目的？綜合《墨子》其他思想來看，墨家的核心理念即「兼愛」，〈天志中〉：「愛人利人，順天之意。」〈天志下〉：「順天之意若何？曰：兼愛天下之人。」墨家的最大目標在於「興天下之利」，如〈兼愛下〉：「子墨子言曰：仁人

之事者，必務求興天下之利，除天下之害。」爲落實此「兼愛」「興利」的理想目標，墨者努力爲人民謀求更好的生活，避免戰爭的殘害，在生產活動、軍事防備、建築工程、交通工具、器械設備……各方面的實務需求上，一些工藝的技巧乃至科學理論的建構應運而生。可見倫理思想有引導及規範科學思想發展的作用。

再者，以數列的方式表達，是希望以系統化的方式處理《墨辯》，能有助於墨學本身的融合與發展，如：4.22與〈兼愛〉、〈法儀〉思想的關係。在發展方面，如：對2.2我們可繼續探問「經－說」這種表達方式的優點與限制爲何？對2.24我們也可以繼續探問以「說」「辯」爲思想單位的符號化發展是否可能（因西方傳統邏輯、符號邏輯是以「名」「辭」爲符號單位，而中國傳統名辯學多用涉及具體情境的推類辯說，除非把辯說與情境的關係，及思想單位的結構弄清楚，不然中國名辯學的形式系統發展不出來）？當然，我們也可以從另一個角度來問，中國名辯學爲何一定要朝西方形式化的路線發展？或中國名辯學應朝哪一個方向發展？

這樣的思考是符合《墨辯》精神的，因爲《墨辯》的作者在他們的時代完成了高度自覺的方法理論，且其理論本身也有一定的水平，直到今日仍有其價值，相對於今日，當代學人特別是墨學學者，也應發揚這種精神，爲這個時代建構一些認知、思想、表達乃至於實踐上的方法理論。

以下首先說明《墨辯》思維方法之內涵：

1.1所謂《墨辯》是指墨家先秦典籍《墨子》一書中的：

〈經上〉、〈經下〉、〈經說上〉、〈經說下〉、〈大取〉、〈小取〉等六篇。本章將探究此六篇內容的思維方法。

1.2 所謂思維方法，是指達成既定目標之規則性思想歷程。本章著重探討《墨辯》思想內容所呈現的：慣性思路形式、類同的發問方式，以及其思想的基本結構。以下將分別就《墨辯》的名辯思想、科學思想，及倫理思想探析其思維方法。

1.21 慣性的思路形式是為探尋《墨辯》作者思維歷程的規律性。

1.22 類同的發問方式是為探尋《墨辯》作者思維歷程中階段性目標導向，及最終目標為何？

1.23 思想的基本結構是為探尋《墨辯》作者在表達上，鋪陳其思想內容的結構。

第二節　名辯思想的思維方法

2.1 認知與名、辭、說、辯的理論架構。《墨辯》名辯思想的脈絡是：「名」的產生是由「認知」而來的，而「辭」則是由「名」的組合所構成；再進一步看，「說」是由不同的「辭」整合而成；至於「辯」則是由各式各樣的「說」所互動而成的。〈小取〉：「以名舉實，以辭抒意，以說出故。」

2.111在認知的部分，《墨辯》指出了認知主體的認知能力：「材」及「五路」。如〈經上〉：「知，材也。」〈經下〉：「知而不以五路，說在久。」其中，「材」是指認知主體的本有認知能力，「五路」就是指「五官」。

2.112在認知作用中認知主體的主動性：「慮」「求」。如〈經上〉：「慮，求也。」〈經說上〉：「慮：慮也者以其知有求也，而不必得之，若睨。」人既有知物之本能「材」，還需有主動知物之動作「慮」；如此仍然未必能達到知的目的，像目之尋視，若事物遙遠，仍無法知；若僅有感官作用，而無理性統覺，亦無法知。

2.113認知主體與認知對象的關係：「接」。如〈經上〉：「知，接也。」〈經說上〉：「知：知也者，以其知過物，而能貌之，若見。」感官必須與物接觸，認知主體才能有所知。如視覺與物接觸而在心中留下一物像，貌似該物。

2.114認知主體的統合作用及所能達到的認知結果：「恕」「明」。如〈經上〉：「恕，明也。」〈經說上〉：「恕：恕也者，以其知論物，而其知之也著，若明。」「恕」有比度推論之意，是以感官作用接觸對象物所得之知，做進一步的統合論斷所得明審之知。

2.115認知的不同途徑有：傳聞而得、推論而得，以及親

身體驗而得。如〈經上〉：「知，聞、說、親；名、實、合、爲。」而認知的結果則有：只知名稱而不知其實之「名知」、僅知其實而不知其名之「實知」、知其名亦知其實之「合知」，以及不但能知而且能行之「爲知」。

2.121 在「名」方面，「名」是呈現認知結果的符號，如〈小取〉：「以名舉實。」〈經上〉：「舉，擬實也。」〈經說上〉：「舉：告以之名舉彼實故也。」[7]「實」是認知事物的一種結果，「擬實」則是表達界的「名」將思想界對實在界認知的「實」呈現出來。從「名」的不同類型，可以了解認知的不同結果，從認知的不同結果又可了解認知對象的不同。

2.122「名」的不同類型有：達名、類名、私名。如〈經上〉：「名：物，達也；有實必待文多也命之。馬，類也；若實也者，必以是名也命之。臧，私也；是名也止於是實也。聲出口，俱有名，若姓字儷。」[8] 其中達名是指外延最大之名，私名是指個別對象之名，類名是指介於達名、私名之間的各類事物之名。

2.123 在《墨辯》中，除以概念外延大小爲分類標準外，

---

[7]「之」原作「文」，據孫詒讓校改。「故也」原作「也故」，從曹耀湘校改。見陳孟麟，《墨辯邏輯學新探》（台北：五南出版社，1996），頁230。

[8]「字儷」原作「字瀧」，校改據高晉生，《墨經校詮》（台北：世界書局，1981），頁79。

也以認知對象之性質爲區分標準,可分爲:以形貌命者與不以形貌命者。如〈大取〉:「以形貌命者,必知是之某也,焉知某也。不可以形貌命者,唯不知是之某也,知某可也。」以形貌命名的是可以具體觀察到形狀相貌的認知對象,如:山、丘、室、廟之類的事物。不能以形貌命名的就是無法具體觀察到形狀相貌的認知對象,如顏色之「白」、形體之「大」「小」。

2.124 除以對象性質爲區分標準外,《墨辯》也發現概念性質的差異。如〈大取〉:「苟是石也白,敗是石也,盡與白同。是石也唯大,不與大同,是有便謂焉也。」由此可見,石的「大」「小」之名是相對的。但石的顏色之名「白」,則不是相對的。

2.131 由於認知對象的豐富性、變化性,單單是「名」仍不足以表達事物的情態與意義;因此,不同的「名」透過一定規則的結合而形成「辭」。如〈小取〉:「以辭抒意。」〈經上〉:「循所聞而得其意,心之察也。」「執所言而意得見,心之辯也。」可見心之察辯,透過辭來表達。

2.132 「辭」的種類有:特稱命題、假言命題等等。如〈小取〉:「或也者,不盡也。假者,今不然也。」以構成辭的第一「名」之特性,爲判分辭性的類型。

2.141 前述 2.115 提到認知的途徑有推論而得的「說知」,

「說知」之所以可能，在於認知者能夠掌握已知之「辭」的意義、「辭」與「辭」之間的關係，進而推得未知之「辭」。而「辭」的意義及「辭」之間的關係，有一定的緣故或理由。如〈小取〉：「以說出故。」〈經上〉：「說，所以明也。」亦即說明從「已知」得以推出「未知」的原因為何、立辭的緣故為何。

2.142 「說」的原則是以「名」「辭」的類之同異，為離合之判準。如〈小取〉：「以類取，以類予。」亦即概念的離合與意念的離合，皆與認知表達者的分類方式有關。如〈經下〉：「推類之難，說在大小。」

2.143 「說」的方式有：事物間的類比關係「辟」，言辭間的類比推論「侔」，如〈小取〉：「辟也者，舉他物而以名之也。侔也者，比辭而俱行也。」[9]

2.151 由於事物變化的多樣性，以及認知者對於事物往往有不同的立場與觀察角度，因此各自有不同的主張，而須以「辯」論彼，求當取勝。如〈經上〉：「辯，爭彼也。辯勝，當也。」「彼」乃必有是非的事物或事態。某一主張為「是」者當，恰當者勝。〈經下〉：「謂辯無勝，必不當，說在辯。」〈經說下〉：「辯也者，或謂之是，或謂之非，當者勝也。」

---

9 「他」原作「也」，據孫詒讓，《墨子閒詁》（台北：華正書局，1987，）頁379。

2.152「辯」的原則,除包含「說」的原則之外,〈小取〉特別指出:「有諸己不非諸人,無諸己不求諸人。」亦即辯論雙方對於對方的要求,不能與自己的立場矛盾。

2.153「辯」的方式除包含2.143「說」的兩種類比推論方式之外,還有以對方立場所持之見,與我方立場所持之見的類同性,爲推論根據的「援」;以及以對方所贊成與反對的類同性,導致矛盾爲推論根據的「推」。如〈小取〉:「援也者,曰子然,我奚獨不可以然也?推也者,以其所不取之,同於其所取者,予之也。」所以〈小取〉所論之辯說,皆是以類同性爲基本出發點,所謂:「以類取,以類予。」

2.2經－說:表達方式的方法學意義。

2.21從2.1《墨辯》認知與名、辭、說、辯的理論架構來看,《墨辯》的作者必然認知了些什麼,把他們所認識的東西表達出來,在〈經〉的部分就是「名」或「辭」;〈經說〉的部分就是「說」或「辯」。如〈經上〉:「故,所得而後成也。」其中「故」是「名」,「所得而後成也」是解說「故」之「名」的「辭」。再看〈經說上〉:「故:小故,有之不必然,無之必不然;體也,若有端。大故,有之必然,無之必不然:若見之成見。」[10]其中「大故」「小故」是

10 「大故,有之必然,無之必不然」原作「大故,有之必無然」。見孫詒讓,《墨子閒詁》(台北:華正書局,1987),頁301。

對「故」的分類說明。而「體也，若有端」及「若見之成見」則是以「辟」的方式來「說」。這種體例以〈經上〉與〈經說上〉爲主。

2.22前述2.153已指出說、辯皆以類同性爲基本出發點，因此〈經說〉中有許多條目，都是以這種思考方式在做分類說明。如〈經上〉論「名，達、類、私。」「謂，移、舉、加。」「知，聞、說、親、名、實、合、爲。」「聞，傳、親。」「見，體、盡。」「爲，存、亡、易、蕩、治、化。」「同，重、體、合、類。」「異，二、不體、不合、不類。」等等，以分類之「名」所組成的「辭」，來表達經文。至於〈經說〉則是對於這些分類之名的再進一步解釋。

2.23〈經下〉較多辯題，用「說在□」的方式表現，其□即該辯題成立的理由之「名」或「辭」。〈經說下〉則是對其理由作進一步的解釋。如〈經下〉：「以言爲盡悖，悖。說在其言。」〈經說下〉：「以：悖，不可也。之人之言可，是不悖；則是有可也。之人之言不可，以當必不審。」[11]。這裡面包含著以「推」的方式來辯說。

2.24從〈經上〉、〈經說上〉到〈經下〉、〈經說下〉其表達方式的不同，有其思想方法上的意義，〈經上〉、〈經說上〉是以「名」爲思考起點，進行分類、解

---

11 「之人之言可」原作「出入之言可」，據陳孟麟，《墨辯邏輯學新探》（台北：五南出版社，1996），頁398。

釋，而以辭、說表達。到了〈經下〉、〈經說下〉則
是以「辭」為思考起點，進行說理、辯駁，而以說、
辯為表達。由此可見，名、辭、說、辯不僅是《墨辯》
名辯思想的理論架構，同時，也是《墨經》〈經說〉
的思想發展形式。

2.25事實上，不論辯、說、辭都可形成一思想單位、一意
義單位。所謂「思想單位」是指在合理性標準範限下
的思維情境，是有意義的思想存有者而可予以命名。
如〈經下〉：「狂舉不可以知異，說在有不可。」其
中的「狂舉」這個「名」就可以包含許多的辯、說、
辭。這讓我們看到名、辭、說、辯的層級性，以及交
互轉換的可能性。

2.3「名」的定義型態分析。

2.31「名」是呈現「實」的符號；另一方面，「名」也是
概念；此概念不只可反映「物實」，也可呈現物與物
的關係、事物間比較的結果。事物間有同有異，相同
者歸為一類，可予一「名」。

2.32「名」的定義方式，從《墨辯》看來就是回溯重現一
「名」成立前，認知、思考、比較的過程。〈經
上〉：「罪，犯禁也。」其中，「罪」是「名」，
「犯禁也」是「辭」。而「辭」是對「名」的定義。回
溯這「辭」產生的認知過程，認知者在不同的時間看
到不同的人，做出不同的動作，認知者思考這些現象
的共同性，歸為一類，形成一概念，賦予一「名」

——「行為」。但在眾多「行為」中，經比較有一小
類行為，有其共同性；此共同性足以使這類行為與其
他行為區分開來，獨立成為一類，形成一概念，賦予
一「名」——「罪」。《墨辯》作者為說明此一新
「名」，就把「罪」與其他行為比較的差異性——觸犯
禁令的行為，用此一「辭」來說明罪之「名」。

2.33 在定義的表達形式上，《墨辯》的作者往往省略比較
的另一類，如〈經上〉：「罪，犯禁也。」（罪，是
觸犯禁令的行為）此定義省略了「行為」。〈經
上〉：「辯，爭彼也。」（辯，是爭論一對矛盾命題
的言論）此定義省略了「言論」。〈經上〉：「法，
所若而然也。」（法，是遵照而行的規範）此定義省
略了「規範」等等。

2.34 《墨辯》中的另一種定義方式，是用一個概念的對立
概念來下定義。[12] 這種定義回溯其思考過程，仍然有
比較，只是其比較的對象不是相關的「類」，而是此
一概念得以成立的同構對立面。如〈經上〉：「體，
分於兼也。」〈經上〉：「同，異而俱於之一也。」
〈小取〉：「或也者，不盡也。」

---

12 見孫中原，《中國邏輯學》（台北：水牛出版公司，1993），頁233。

第三節　科學思想的思維方法

《墨經》中科學知識的發現，與西方近代科學系統傳入中國有關。近代學者不僅更深入地研究《墨經》，並且轉變了傳統社會倫理的思維方式，而以西方的科學知識作爲理解《墨經》的對照和借鑑。

崔清田先生指出：「乾嘉學者對《墨子》的校注以及對經、說諸篇的專注，使幾乎『不能句讀』的《墨辯》六篇變得眉目朗然，他們提供的版本準備、文字注疏、體例發現等，爲《墨經》研究奠定了基礎，使發掘《墨辯》六篇所含科學知識成爲可能。」[13]

李約瑟在其《中國之科學與文明》第十一章論及《墨經》中的科學思想，共舉〈經上、下〉、〈經說上、下〉計四十四條，內容包括：自然之軌範及方法、事物之分類、名之類型、因果關係、時間之知識及語言辯論等等。[14] 方孝博《墨經中的數學和物理學》一書指出，〈經上、下〉和〈經說上、下〉四篇所討論的問題，約可分爲四大類：(1)認識論問題；(2)邏輯思辨學問題；(3)心理學社會科學問題；(4)自然科學及其在

---

13 崔清田，《顯學重光——近現代的先秦墨家研究》（瀋陽：遼寧教育出版社，1967），頁 173。

14 李約瑟著，陳立夫主譯，《中國之科學與文明（二）》（台北：商務印書館，1973），頁 266-298。

工藝上的應用問題。[15] 其中有關於數學，特別是幾何學的思想，計有十九條，包括點、線、面的定義和關係，以及各種幾何圖形的分析等。在物理學方面，主要可分為三類：(1)物理學的一般概念問題；(2)力學理論；(3)光學理論和測日影定方位問題。細分之，與時間和空間相關的概念說明有五條，論運動和靜止問題的兩條，另論及五行關係、相比標準、物質不滅等各一條。此外，在力學與幾種簡單機械原理的說明共八條。最後，在光學方面，涉及光和影、針孔成像和球面反射鏡成像理論共八條，另附測臬影定南北方位兩條，總計《墨經》中有四十七條內容涉及自然科學思想。

此外，在《墨子・備城門》中，墨家所製造的所謂「罌聽」，是一種測聽工具，用小口大肚的陶罐，蒙以薄皮，「置井中使聰耳者伏罌而聽之，審知穴之所在」。這種設備和近代海上偵察儀器「聲納」的原理，極相類似。再者，利用《墨經》中的力學理論，製造出起重機械的桔橰。在修堤、築城等大型工程中，利用斜面原理和槓桿原理製造出滑輪、輪軸、轆轤和車梯各種工具，甚至作為守城的武器，收到「用力少而見功多」的效果，可見《墨經》中的自然科學知識，是與當時人民實際的生活相結合的，同時也顯示了《墨經》中科學思想的豐富性與多樣性。

以下是對《墨經》中科學思想的思維方法之系統整理：

3.1自然科學的思想，基本上是有一定方法與步驟可循，

---

15 方孝博，《墨經中的數學和物理學》（北京：中國社會科學出版社，1983），頁7

在工藝上，透過相同方法的重複，使工匠在一定的規
矩、法儀下能製作出相同的機械、器物。這也是墨家
思想講究實用性、實效性而顯示出的較強烈的方法意
識。《墨經》其思想方法有：體系定義法、相對取捨
法、分合併用法、分類例證法，及擴充觀察法。

3.11體系定義法。以2.32的定義方式，將對實物的觀察心
　　得抽象爲概念，再以連鎖的概念定義，形成概念體
　　系。例如：

　　(1)〈經上〉54：[16]「同長，以正相盡也。」同長是
　　　　指拿一個共同的標準（正）來衡量，而與該標準
　　　　都完全重合（盡）。

　　(2)〈經上〉55：「中，同長也。」中即圓心，是指
　　　　由圓心到圖形邊緣都是等距離（同長）的。

　　(3)〈經上〉59：「圓，一中同長也。」圓是一個中
　　　　心到達邊緣均爲同長的點的軌跡。

　　　這裡先給「同長」下定義；用「同長」再給「中」下
　　　定義；用「同長」和「中」再給「圓」下定義，就是
　　　一個小小的概念體系。[17]

3.12相對取捨法。即在某一情境中的相對狀況，以2.34的
　　定義方式取此捨彼，來說明所認知的對象。例如：

　　(1)〈經上〉46：「損，偏去也。」〈經說〉上：

16 本節所引用之墨經經文號碼以高晉生《墨經校銓》（台北：世界書
　　局，1981）爲據。
17 孫中原，《中國邏輯學》（台北：水牛出版社，1993），頁234。

「損，偏也者，兼之體也。其體或去或存，謂其存者損。」損的定義就是整體中缺少某一部分。兼，是整體；體，是部分。此根據〈經上〉2：「體分於兼也」可知。若在「兼」中去掉一部分「體」（偏去），那麼，對於沒有去掉的部分而言，就是「損」了。此條即運用了相對取捨法，以「其體或去或存，謂其存者損」來說明「損」的意義。

(2)〈經上〉44：「始，當時也。」〈經說上〉：「始：時，或有久，或無久，始當無久。」孫詒讓說：「此言始者，或時已歷久，而追溯其本，或時未歷久而甫發其端，二者皆謂之始，但始必當無久，時若已有久，則不得謂爲始也。」[18] 方孝博指出：「物理學中討論物體變化運動的過程和性質時，常常要研究時間開始時（$t=0$）的情形如何，以決定所討論的問題的起始條件；所謂$t=0$者正是「當時」之「始」。[19] 此條也是以相對取捨的方式，從「有久」、「無久」的相對狀況中，指出「無久」方爲「始」。

(3)〈經上〉42：「窮，或有前不容尺也。」〈經說

---

18 孫詒讓，《墨子閒詁》（台北：華正書局，1987），頁308。

19 方孝博，《墨經中的數學和物理學》（北京：中國社會科學出版社，1983），頁34。

上〉：「窮，或不容尺，有窮。莫不容尺，無窮
也。」「或」是「域」的古字，就是區域，「尺」
就是幾何學上的線，「前」指一個區域的邊緣之
前；所謂「窮」就是指整體區域的邊界之外容不
下一線。〈經說〉則同樣用相對的「或不容尺」
與「莫不容尺」來說明「有窮」與「無窮」。經文
則取「或不容尺」來說明「窮」。

由上述三例可知，《墨經》中的相對往往是「有」
「無」的相對，「或去」是無，「或存」是有；「有
久」是有，「無久」是無；「有窮」是有，「無窮」
是無。

3.13分合併用法。此乃先對某一狀況予以分析，然後就所
分析各部分的組合，來說明所欲表達的概念。例如對
時、空的說明即是最好的例證。

(1)〈經上〉40：「久，彌異時也。」〈經說上〉：
「久，古今旦莫。」《淮南子·齊俗訓》：「往古
來今謂之宙，四方上下謂之宇。」久，即宇宙之
宙，亦即時間。彌，《說文》說爲：「久長」。
《爾雅·釋言》：「彌，終也。」王引之曰：
「彌，遍也。」彌就是指時間的悠久無極，遍滿各
個不同的時段：「古、今、旦、莫」，莫即暮。
古、今是相對概念，旦、暮也是相對概念，並且
這些相對概念也指涉著不同時段，它們的本質是
「時」，就像「久」的本質也是「時」，各時段是可

從「久」分析出來，每一時段依人所處之「今」
來判分，也與某一事物的變化有關。因時間的概
念是從一件事物的變化過程中，有先後的次序而
形成的。「久」是遍滿各時段，也就是將分析出
的各時段再作一綜合，就在此先分後合的過程
中，使人認知到整體時間「久」的意義。

(2)〈經上〉41：「宇，彌異所也。」〈經說上〉：
「宇，東西家南北。」宇即宇宙之宇，亦即空間，
空間的概念是從一個物體的運動過程中，有位置
的遷移而形成的。當在「異所」——不同處所的相
對比較下，才能使人體驗到空間，但就整個空間
而言，是遍滿各種處所的。所以〈經說上〉云：
「東、西、家、南、北。」東、西、南、北就是對
某一區域空間的指涉，而東西南北四方是相對於
「家」——也就是「中」而有意義，整體空間當然
包含東、西、中、南、北各方，整體包含部分，
此條也是透過先分後合的思考方式，說明整體的
空間——「宇」。

3.14分類例證法。此法是對所要說明的概念，分析成幾種
狀況，再分別就這些狀況，列舉例證加以說明。例
如：〈經上〉51：「止，以久也。」〈經說上〉：
「止，無久之不止，當牛非馬，若矢過楹。有久之不
止，當馬非馬，若人過梁。」經文對於靜止的解釋是
物體有較長時間的停留，才能算是靜止。〈經說〉則

是從反面申說，若是只有極短時間的停留（無久），
該物必是在運動中。楹即楹柱，是古人練習射箭之標
柱，「若矢過楹」即指古人練習射箭於兩楹之間，箭
矢飛行的速度甚快，它過楹而不停止是非常明顯的，
就相當於「牛不是馬」這樣清楚。另外，是運動速度
較慢的一種情況，就像人走過河上的橋樑（若人過
梁），小心謹慎、速度緩慢。這是「有久之不止」，既
然也占有相當時間，怎算是不止的運動呢？相當於
「白馬非馬」的令人費解。綜合上述可知，有兩種
「不止」的狀況，一種是在運動歷程中的某一點占有
極短的時間，另一種是在運動歷程中占有較長的時
間。而不論哪一種「不止」，都是占有一段時間的。
而「止」正是透過「不止」，靜止透過運動的比較，
才能顯示其所占相對更久的時間。此條表述的方式也
是分類的例證說明，「矢過楹」「人過梁」再加上比
喻的「牛非馬」和「馬非馬」來呈現「止」的意義。
因此，在某一固定的觀察點上，占有較長時間的運動
（有久之不止）較難理解。所以，對於理解上的難易
程度，經說又以「辟」的方式，用「當牛非馬」以喻
「無久之不止」，用「當馬非馬」以喻「有久之不
止」。

3.15擴充觀察法。此乃對某一類現象的觀察，觀察者擴大
　　所觀察的對象，不僅被動的觀察，也主動調整現象中
　　的事物，對現象中的狀況做更多的推演與考察。如光

學問題在《墨經》中，就是以此法來做實驗記錄，從比較簡單的現象到複雜現象的觀察。從光、影的關係，到光、物、影的關係，再到光、物、影、重影的關係，乃至於光、物、中介物與影的關係，以及相關物件位置的變化等等。

3.151 〈經下〉118：「景不徙，說在改爲。」這是說明光和影的關係。「景」即古「影」字，影並不移動，而是光源轉移（改爲），繼而產生新影，其中包含著視覺暫留的概念。

3.152 〈經下〉122：「景之大小，說在地正遠近。」「地」依道藏本之字形，其意爲「斜」，光照物而成影，其影之大小，在乎物體之斜正；又與光源距離物體的遠近有關。這一條是在說明影之所以有大小的原因，已擴及對「物」的觀察。這說明光、物和影的關係。

3.153 〈經下〉119：「景二，說在重。」〈經說下〉：「二光夾一光，一光者景也。」此條說明重影的現象及其原理，「重」是指兩個影子相互重疊的區域，稱爲「重影」，〈經說〉進一步指出形成重影的原因是由於「二光」的存在，二光所成陰影夾著「一光」，這一光就指重影。這是說明光、物、影和重影的關係。

3.154 〈經下〉120：「景到，在午有端與景長，說在端。」這一條是說明光、物、中介物和影的關係。欲探究

光所行進的路線如何,除了物、光、影之外,觀察
者還設計了中介於物與影之間的屏,並且於屏中開
一小孔(端),「午」即光線的交錯,《儀禮》鄭
注:「一縱一橫曰午」,此處「午」指光線的交錯,
由於屏中有一個點狀的小孔,光線射入時,在孔中
相交,而且物體必須有一定的長度,如此就會看到
倒影的現象,再由倒影的現象可判斷光是以直線進
行,如〈經說下〉120:「景:光之照人若射,下者
之入也高,高者之入也下。足蔽下光,故成景于
上;首蔽上光,故成景于下。在遠近有端與于光,
故景庫內也。」[20]「庫」即「倒轉」之意,〈經上〉
49:「庫,易也。」「內」是指倒象形成之壁的位置
是在屏之內的方向,「在遠近有端與于光,故景庫
內也。」意謂倒影之所以形成,除掉光的直線進行
這一原因外,又必須由於在光線之中,或遠或近
處,存在於一個光屏中的小孔,因而在屏的裡面內
壁上,就有倒轉的像產生了。這條說明了針孔成倒
像的現象和原理。在現象的擴充方面,嚴格說來,
除了物、光、影外,還包括有孔之屏與影所印之壁
等。

3.155〈經下〉121:「景迎日,說在轉。」這條是說明光
的反射現象。《墨經》中的光學問題,物、光、影

---

20 本條「照人」原作「人照」,蓋照煦形近而誤,二字又誤倒耳,從高
亨校。見高晉生,《墨經校銓》(台北:世界書局,1981),頁128。

三者是重要範疇。就「物」而言，包括：光所照之物、影所印之處、中介物及使光反射之物。不同的物對光的反射不同，物與物不同的位置也會影響「影」的變化。而人可以主動調整這些物件的關係位置；這些就是擴充觀察法的運用。

3.2各種思想方法運用的相關性。上述3.11至3.15思維方法彼此之間有相關性，如分類例證法是分合併用法與相對取捨法的交互運用；而體系定義法所構成的一類體系，也就是擴充觀察法所要達成的目標。

3.21例如體系定義法所構成的一類體系，也正是擴充觀察法所要追求達到的目標，也就是在一系列的擴充觀察、實驗之後，觀察者本身企圖能夠巨細靡遺地、盡可能地窮盡觀察此類現象中的所有情況。像《墨經》中的光學理論就呈現這種傾向。只是擴充觀察法是對實物的觀察實驗紀錄；而體系定義法則是理念、思維上的將實物如圓物、方物為圓、方，或點、線、面等，抽象化、理想化之後的邏輯性推理，來建構其體系。

3.22相對取捨法是在某一情境中的相對情況作出取捨，但是相對情況的被認知與確立，都必須應用「分合併用法」中分析的步驟；如論時間所使用的「古、今、且、莫」，其中古、今是相對概念，且、莫也是相對概念，正如論空間的「東」、「西」是相對概念，「南」、「北」也是相對概念，這些概念的產生，都是

在一觀察整體中，作相對性的分析所提出。只是「相對取捨法」是取其部分，縮小原本觀察範圍以說明某概念；「分合併用法」則是以所分出的局部作統合，擴大原本的觀察範圍來說明某概念。

3.23「分類例證法」是「分合併用法」與「相對取捨法」的交互運用，並且再加以實例和比喻來佐證，以加強其觀察結果的正確性。「分」就是分析，「類」就是綜合，每一被分出的部分，就其部分本身而言就是一類。有時所作的分類本身也是相對的，例如：「止」是一類，「不止」是另一類，此兩類比較是相對的。再看「不止」這一類又可分成「無久之不止」與「有久之不止」兩類，而這兩類相比，又是相對的。《墨經》再以「若矢過楹」爲「無久之不止」的例證，以「若人過梁」爲「有久之不止」的例證，由此可見，分類例證法其實融合了「相對取捨法」及「分合併用法」，且還多用實例作說明。

3.3 《墨經》科學思想的發問型態。上述這些思維方法的相關性可以從《墨經》作者的發問型態來考察。

3.31 觀察者所觀察到的現象整體爲何？

3.32 這個現象整體可區分爲哪些部分？或相對部分？

3.33 部分與整體的關係如何？或小類與大類的關係如何？

3.34 各種現象的認知，在表達上可否還原爲實例予以說明？

3.35 造成各種現象的原因爲何？

3.36觀察者調整所觀察對象的狀況，原本的因果關係會有
　　何變化？

3.37如何儘可能觀察一現象整體的各種變化？

3.38如何以理論的建構反映現象整體的因果關係？

3.4上述這八大發問型態的根本問題是：觀察的對象如何
　　選定？是否有某些信念或意識形態支持墨者的選擇？
　　還有，觀察對象之整體又如何確立？現象之整體是現
　　象描述或理論架構者，在哪種世界觀或在怎樣的理想
　　之下所建構而出的？這個理想就墨家而言是否就是
　　「兼愛」。墨家爲落實此「兼愛」的理想，爲人民謀求
　　更好的生活、避免戰爭的殘害，而在生產活動、軍事
　　防備、建築工程、交通工具、器械設備……各方面的
　　實務需求上發展一些工藝的技巧，乃至理論的建構應
　　運而生。不過《墨經》中，研究對象——所謂「觀察
　　對象的整體」，嚴格說來只是部分的整體，因爲《墨經》
　　的作者是在一定的信念或世界觀下，對此可納入整體
　　認知結構的局部性事物，視爲一相對「現象整體」來
　　進行研究。

第四節　倫理思想的思維方法

4.1上述3.31至3.38的根本問題是：觀察對象如何選定？
　　是在哪些理念與價值觀下進行這些思考？而其理念與

價值觀的問題則涉及墨學的倫理思想，因此以下來考
察《墨辯》倫理思想的思維方法。其思維方法包括：
(1)思維情境的構作；(2)情境的處理；(3)以實踐與可行
性導向爲思維的慣式。

4.11「倫理」是指人類群體生活的行爲規範，人際互動的
　　原則、社會秩序之條理。倫理思想產生於特定的「倫
　　理情境」，「情境」是指人在現實經驗的客觀認知環
　　境中，加入個人主觀因素之思維境域。所謂「倫理情
　　境」，是指人對客觀認知境域或現實生活的經歷，涉
　　及價值規範、倫理原則，所構成的思維情境。[21]

4.12《墨辯》的情境構作的特色是：其情境範圍常著眼於
　　「天下」，即最後之「利」必須是落實於天下人。情境
　　中的人際關係，常處於緊張狀態，即需要權衡輕重利
　　害的狀態。情境中的行爲主體，則著眼於行爲者的動
　　機，即不在於自己所獲得的名譽、利益或能否見用於
　　世。

4.121從其情境範圍常著眼於「天下」，即最後之「利」必
　　　須是落實於天下人來看。如〈大取〉：「凡學愛
　　　人，愛眾世與愛寡世相若，兼愛之有相若，愛尙世
　　　與愛後世，一若今世之人也。」[22]這是從廣狹、古
　　　今來看所關懷的對象是天下人。〈經說上〉：

---

21 李賢中，〈倫理情境與類推思維探析〉，《哲學與文化》，27卷9
　期，2000年9月，頁829。

22 本段原文作「愛眾眾世與愛寡世相若，兼愛之有相若，愛尚世與愛

「義，志以天下人爲芬，而能能利之。」義，就是立
志把天下人的事，當作自己分內的事，而能確實地
兼利天下人。

4.122《墨辯》情境中的人際關係，常處於緊張狀態，即
　　　需要權衡輕重利害的狀態。如：「於所體之中，而
　　　權輕重之謂權。權非爲是也，亦非爲非也；權，正
　　　也。」[23] 其「所體之中」的「體」即〈經上〉：
　　　「仁，體愛也。」之「體」，乃一種體會，一種身臨
　　　其境的抉擇，如〈大取〉：「斷指以存掔（脛），
　　　利之中取大，害之中取小也。」「愛之相若，擇而殺
　　　其一人，其類在阬下之鼠。」又如〈經上〉：
　　　「任，士損己而益所爲也。」等都是需要權衡、抉擇
　　　的緊張情境。

4.123情境中的行爲主體，《墨辯》則著眼於行爲者的動
　　　機，其動機在不爲自私目的而從事某種德行，而是
　　　在強調有利於天下人。對於行爲者本身則「不必
　　　用」、「不必得」。如〈大取〉：「殺己以存天下，是
　　　殺己以利天下。」〈經上〉：「義，利也。」〈經說
　　　上〉：「志以天下爲芬，而能能利之，不必用。」
　　　〈經上〉：「孝，利親也。」〈經說上〉：「以親爲芬，

後世，一若今之世人也。」見孫詒讓，《墨子閒詁》（台北：華正書
　局，1987），頁371。
23 「亦非爲非也」原作「非非爲非也」，校改據李漁叔，《墨子今註今
　譯》（台北：商務印書館，1988），頁291。

而能能利親，不必得。」不必爲己求用，不必得愛親之名，皆是在求利親、利人之實效，而非虛名。

4.21《墨辯》對於思維情境中的事態處理，乃以「義」爲原則，如〈大取〉：「義可厚，厚之；義可薄，薄之；謂倫列。」以「義」爲價值規範、倫理原則。而「義」即是「利」，因此在需要抉擇的情境中，《墨辯》作者強調抉擇在於權衡輕重，權衡在於趨利避害，而利害的承受者乃天下人。如何抉擇？〈大取〉：「利之中取大，害之中取小也。害之中取小也，非取害也，取利也。」因此，一件行爲的當行不當行，以是否有利於天下人爲判準。

4.22行事爲人能以「義」爲原則，其方法在於「愛人」。《墨子》書中有〈兼愛〉篇論兼愛，〈經上〉論「仁」爲「體愛」。墨子以兼愛爲「仁人之所以爲事」，故曰：「今人獨知愛其身，不愛人之身；是以不憚舉其身以賊人之身。……凡天下禍篡怨恨，其所以起者，以不相愛生也，是以仁者非之。」〈兼愛中〉兼愛源自「天」，〈法儀〉篇說：「法不仁，不可以爲法。故父母、學、君三者，莫可以爲治法。然則奚以爲治法而可？故曰莫若法天。」由此可見，「仁」之體愛並非與兼愛相對立；而是指「愛人當體諸己身，方謂之仁」。[24]因此「仁」就是愛人若己的體驗。〈經說

24 見譚作民，《墨辯發微》（台北：世界書局，1979），頁55-56。

上〉：「仁，愛己者非爲用己也；不若愛馬者。」人愛馬是爲了使用馬，人愛人有時也是爲了達到某種目的，但這種有用於己的愛不是「體愛」，不是「仁」。因爲人在愛自己的時候，就是爲自己的好，而不爲其他的目的。因此眞正的愛是愛人若己的愛，這也是以「義」爲倫理原則的實踐方法。

4.31其強調倫理思想是可行的，以實踐與可行性導向爲思維的慣式。如〈經上〉：「忠，以爲利而強低也。」〈經說上〉：「忠，不利弱子，亥足將入，止容。」「忠」是利天下人，而非利君。勇於任事，強則不懈其事，低則不誇其功。像大禹治水，過門不入，不利幼兒。但在權衡天下之利的情況下，「忠」仍應當行、仍可行。

4.32倫理行爲之結果又必須是有效的，亦即符合「義」的原則。如〈大取〉：「義，利；不義，害；志功爲辯。」「功」就是實效，所謂義與不義，要依實際所做的事情，是否眞正對人有利爲標準。只是意念上的思想，而不能具體實踐出來，此與「功」不同。〈大取〉：「志、功，不可以相從也。」2.115的「爲知」即志行，乃將所知的眞正實踐出來。

　總之，《墨辯》思維方法的研究，不但有益於墨學發展，對於中國哲學的研究發展亦有所助益。因爲一門學術要發展，必須重視這門學術的方法；墨學要能有所發展，當然也必須重視墨學方法論中的《墨辯》。並且，墨學在近世之所以被學界

所注意，正因其在方法論上的高度自覺，以及所呈現的系統理
論特色。在西學東漸的過程中，沈寂的墨學，再度被喚醒，並
且成爲中華文化傳統中的一份寶藏。相對於中國哲學的其他內
涵與表達方式，在思維方法的自覺與系統呈現方面，仍然十分
需要加強的。而《墨辯》思維方法的研究，原本根植於中華文
化的土壤中，有其在本質上相近的思維型態，可以充實中國哲
學方法論的內涵，因此，《墨辯》思維方法是值得我們做進一
步研究的。

第四章
《墨子》兼愛倫理學

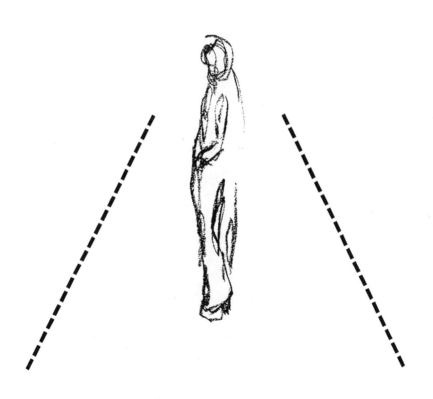

第一節　《墨子》兼愛思想之內涵

「愛」是人類的天性，是每一個人都需要的，需要給予愛和接受愛。根據醫學上的報導，一個不被撫愛的嬰兒很容易夭折，一個缺乏愛的青少年特別叛逆；許多詩詞、小說、電影或流行歌曲的主題，大部分都與「愛」有關；然而，現實的人生卻是愛恨交織、甚至仇恨大於相愛的情形；人與人之間、國與國之間無法彼此相愛，正是造成世界混亂的主要因素。

墨子的「兼愛」強調兼相愛、交相利，愛人若己。西方基督宗教所強調的「金律」也是「愛人如己」，人與人之間應彼此相愛。可見東西方對於「愛」的內涵把握有其共通性。相較於西方對「愛」的體認，可以幫助我們更深刻的把握「兼愛」的本質。

在希臘文裡，每種愛都有一個特別的名詞，storge是指父母子女之間及兄弟姐妹之間的「親情之愛」；philia是指人與人之間感情的愛，這是一種平行的「友誼之愛」；eros是描述異性相吸為主的羅曼蒂克的「異性之愛」；agape則是上帝與人之愛，這種愛顯示出上帝對人的救贖，是最無私的「原則之愛」。以上這四種愛在西方基督宗教的《聖經》觀點下，不論親情、友誼或異性之愛的基礎都在於agape這種上帝之愛。上帝的愛是主動的，此愛是從上到下的愛，並且，此愛是以救贖為目的；唯有明瞭上帝之愛的性質，才能把握「愛」的本質，

在各種不同的關係中將愛實踐出來。這與墨子「兼愛」思想出自「天志」是相類似的。

源自上帝的愛可從其主動性、成全性及目的性來看。就主動性而言，「愛」是使人主動走向一對象而與之結合的活動，愛必然有付出，而付出或給予是自主的、主動的。佛洛姆說：「愛是主動關懷被愛者的生命及成長，若缺乏這種主動的關懷就不是真愛。」[1]

就成全性而言，「愛」是一種建設性的趨向，可決定一個人對整個世界的關係。如果我們覺得現今的世界是充滿邪惡、殘暴、狡詐、虛偽……，那是因為有太多的「個人」缺乏愛，以至於他們與自己、與世界的關係是嚴重扭曲變形的；憎恨招來憎恨、暴力促成暴力、虛偽換來虛偽、戰爭鼓勵戰爭，而「愛」是這世界真正缺少的，透過「愛」才能成全人生的完滿。

從目的性觀之，「愛」是提高價值的活動。基督宗教的上帝之愛是以救贖為目的，墨子的天志之兼愛則是為興天下之利、除天下之害。都在使人類得以出死入生，並且活得有尊嚴。因此，「愛」是提升價值的活動。

至於墨家兼愛思想的提出，有其解決現實問題的考量，墨子觀察當時產生各種社會亂象的主要原因就在於人與人之間的「不相愛」。他說：「聖人以治天下為事者也，必知亂之所自起，焉能治之。不知亂之所自起，則不能治。譬之如醫之攻人

---

1 佛洛姆（Erich Fromm）著，孟祥森譯，《愛的藝術》（台北：志文出版社，1981），頁38。

之疾者然，必知疾之所自起，焉能攻之。不知疾之所自起則弗能攻。治亂者何獨不然？必知亂之所自起，焉能治之。不知亂之所自起則弗能治。聖人以治天下之事者也，不可不察亂之所自起。當察亂之所自起？起不相愛。」（《墨子·兼愛上》）

又說：「天下之人皆不相愛，強必執弱，富必侮貧，貴必傲賤，詐必欺愚。凡天下禍篡怨恨，其所以起者，以不相愛生也。」（《墨子·兼愛中》）

墨子在找出了社會弊病的亂源：「不相愛」之後，並且強調若只是找出問題的癥結是不夠的，必須要指出解決問題的方案，這方案也就是「兼愛」。他說：「非人者必有以易之。若非人而無以易之，譬之猶如以水救水、以火救火也，其說將必無可受。是故子墨子曰：兼以易別。」（《墨子·兼愛下》）

什麼是「兼」？從字源意義上來看，在金文中，「兼」字像手持二禾，是一個會意字。許慎《說文解字》釋「兼」為「並也，又從持秝，兼持二禾」。引申為同時涉及幾種事物，而不專於其中之一；或由各部分會成一整體，此整體即「兼」，而各部分是平等的，為「體」。因此，「兼愛」的意義也就是整體的愛、平等的愛。

再由墨學文獻來看，〈經上〉：「體，分於兼也。」〈經說上〉：「若二之一，尺之端也。」「兼」就是整體，「體」則為部分，又如〈經上〉：「損，偏去也。」〈經說上〉：「偏去也者，兼之體也。」墨家的「兼愛」是對人類整體之愛，而非局部的愛。〈大取〉：「愛眾世與愛寡世相若，兼愛

之有相若；愛尙世與愛後世，一若今世之人也。」[2] 眾世與寡
世乃就廣狹而言，亦即「兼愛」的範圍無論大區域或小區域的
人都是兼愛的對象。上世、後世、今世則是就古今而言，亦即
兼愛的對象並不受過去、現在、未來的限制。可見墨家的「兼
愛」是超越時空的限制，爲對全人類的愛。

至於「兼愛」與儒家基於血緣關係遠近差等之愛的對比，
也可見其平等義，我們也可以由〈大取〉的「愛人之親，若愛
其親」、〈兼愛上〉的「視人之身若其身，……視人之室若其
室，……視人之家若其家，……視人之國若其國」看出墨家的
「兼愛」是不論關係、親疏、遠近，不論階級、高低、貴賤的
平等之愛。這平等之愛，一方面是「人己等視」的以「人若於
己」的平等。另一方面也是從所有的個人都是「人」的觀點，
人人平等。

此外，墨家的「兼相愛」常與「交相利」相提並論，而墨
家的「利」是與「義」有關的，《墨經》所下的定義是：
「義，利也。」又〈天志上〉云：「義，正也。」所謂以「正」
治人。因此，墨家的「利」指的是公利、正利，並且也是具有
實際效果之「利益」。如〈經上〉：「利，所得而喜也。」墨
家的「利」與儒家不同，孔子的弟子說孔子「罕言利」，因此
孔子曾說：「君子喻於義，小人喻於利。」（《論語·里仁》）
孟子在見梁惠王時也說：「何必曰利，亦有仁義而已矣。」

---

2 原文作「愛眾眾世，與愛寡世相若，愛尚世與愛後世，一若今之世人
  也。」從孫詒讓校改。見孫詒讓，《墨子閒詁》（台北：華正書局，
  1987），頁371。

（《孟子‧梁惠王》）之後，董仲舒更提出：「正其誼不謀其利，明其道不計其功。」（《漢書‧董仲舒傳》）而墨家則把「爲義」解釋爲「興天下之利，除天下之害」，把「國家百姓人民之利」作爲三表法中「用之者」的標準。在墨家看來，「聖人有愛而無利，儒者之言也，乃客之言也。」（〈大取〉）[3]這裡的「客」是指墨家的對立面，這種觀點乃空談仁愛而忽略實際利益論敵的觀點。[4]

　　墨家的「兼愛」既要求實際的利益，且爲天下之公利；因此，墨子肯定了人際間「投我以桃，報之以李」的互動性。嚴靈峰教授說：「要兼愛，就必須雙方同時履行『相愛』，這樣才能達到『兼相愛，交相利』這個理想的實現。」[5]此點出了「兼愛」的互動性原則。但更深一層探究，這種互動性之前，必有一方意識到「兼愛」的意義，肯定這種努力的價值，因此願意主動的「先愛」，如此才有可能達致互利的結果。

　　綜上所述，墨家的「兼愛」是超越時空的整體人類之愛、平等之愛，追求實際的利益、公利，其方法乃愛人若己，藉著人際間的互動性與個人的主動性來完成的互利之愛。

---

3 原文作：「聖人有愛而無利，倪日之言也，乃客之言也。」依孫詒讓解，「倪日之言」當爲「儒者之言」。孫詒讓，《墨子閒詁》（台北：華正書局，1987），頁371。

4 孫中原主編，《墨子與現代文化》（北京：中國廣播電視出版社，1998），頁84。

5 嚴靈峰，《墨子簡編》（台北：商務印書館，1995），頁36。

第二節　以「天志」爲根源的價值論

　　人們爲什麼應該「兼愛」呢？這涉及墨子的「價值」理論。「價值」是道德判斷和推理的重要依據。從墨學來看，如何構成「價值」活動？其「價值」構成的條件既非純然客觀的，也不是純然主觀的，而是客觀事態存在於主觀思維之中的一種評價活動。在此活動背後的價值根源是「天志」；評價的標準有：生、愛、仁、義、忠、孝、信、利等重要觀念；此外，被評價之對象、評價主體之權衡，以及評價的結果等一系列的相關思想，也是其價值論所考量的。

　　《墨經下》：「仁義之爲內外也岡，說在仵顏。」[6]〈經說下〉：「仁，愛也。義，利也。愛利，此也，所愛所利，彼也。愛利不相爲內外，所愛利亦不相爲外內。其爲仁內也、義外也，舉愛與所利也，是狂舉也。若左目出、右目入。」高晉生詮說：「於仁則舉其內之愛，於義則舉其外之所利。仁舉其內方、而棄其外方。義舉其外方、而棄其內方。其妄甚矣。故曰：『是狂舉也。』如兩目之視覺皆在內，兩目所見之物皆在外。今謂左目見物，係視覺自內出；右目見物，係物形自外入。此豈非狂舉乎！仁內義外之說、正與此同。故曰：『若左目出、右目入。』此條殆駁告子之說。《孟子·告子》：『告

---

6 「岡」字原爲「內」，從譚戒甫校。見周云之，《墨經校注·今譯·研究——墨經邏輯學》（蘭州：甘肅人民出版社，1993），頁220。

子曰：仁內也，非外也。義外也、非內也。』」[7]由此可見，一方面在主觀上必須有愛利之心，另一方面則必須有客觀上所愛利的對象。因此，價值標準的呈現是在於主、客的共同作用，當人發出了愛利之心，所愛所利的對象也就進入其思想，同時也因為愛利之對象的出現，而使人發出愛利之心，所謂的思維情境就在這個地方。

因此「價值」活動是主觀客觀共同作用而成，是二者建立一種關係之後，在主觀者的思維情境中，客觀事物進入此思維情境而成為價值評估的對象；由於每個人都有某種價值判準，可以判定一件事物是否有價值，因此這種價值判斷是在主、客共同作用下而呈現的，只有在主客體發生關係的情況下，才能判定對象物是否有價值，或有多大的「價值」。

在墨家的價值判準中包含：生、愛、仁、義、忠、孝、信、利等價值規範的原則。墨子認為，人的生命存在是其他價值的基礎；〈貴義〉說：「天下不若身之貴也。」〈尚賢中〉也說：「民生為甚欲，死為甚惡。」人生命存在是價值存在的根本，一切價值都由此存在而發展、豐富。〈非樂上〉也說：「民有三患，飢者不得食，寒者不得衣，勞者不得息。」因此，除民三患就在使民得生。然而什麼是「生」呢？〈經上〉：「生，刑（形）與知處。」也就是形體與能夠認知的心靈相結合，形體有物質的需要，而心靈則有精神上的理想要實現。墨子認為生命價值的肯定不只在個人，更重要的是天下

7 高晉生，《墨經校銓》（台北：世界書局，1981），頁 198。

人，也就是全人類。因此他的兼愛思想是要普遍的愛全天下的人。

〈天志上〉：「何以知天之欲義而惡不義？曰天下有義則生，無義則死。……然則天欲其生而惡其死。」就價值根源而言，「天」是兼愛的最後根據，同時，「天」也是使天下人得以生存發展的主宰者，因爲「天」是最仁者。在《墨子・法儀》中，墨子指出，百工在做事時，都有一些標準，如規、矩、繩、墨、懸等各種工具，同樣的，將相治理國家也需要一些標準才治理得好，那麼什麼原則、什麼對象可以成爲價值標準呢？墨子認爲「仁」是可以作爲標準的。〈經說上〉對「仁」的解釋是：「愛己者，非爲用己也，不若愛馬。」仁就是好像愛自己的身體一樣，愛自己的身體不是把自己的身體當成一種手段、工具來使用，並不是爲了「用」，若是爲了「用」，那就像養一匹馬是爲了利用牠來拉車一樣。

那麼，將相治理國家應該以什麼作爲準則呢？父母、老師，還是君王？〈法儀〉說：「天下爲父母者眾，而仁者寡。」「天下爲學者眾，而仁者寡。」「天下爲君者眾，而仁者寡。」墨子認爲只有「天」才是至仁者，只有「天」才足以爲法。因爲天愛世界萬物的愛是眞正無私的愛，天愛人不是把愛人當成一種手段，而是一種以人爲目的之愛。這就是墨子兼愛倫理學中最高的價值根源——以「天」爲法儀。

然而，「天」有哪些特性？又如何法天呢？〈法儀〉說：「天之行廣而無私，其施厚而不德，其明久而不衰。」天的愛猶如陽光和雨水，是普遍的施予供給所有的人，這就是「行廣

而無私」的普遍性。另外「施厚而不德」是無私的，具備了一
種客觀性。再從「明久而不衰」可以看出，天還有明確性和持
久性。[8]因此「天」此一價值根源具有普遍性、客觀性、明確
性與持久性。墨子的「天」要求人與人彼此之間要「相愛相
利」；在〈天志〉和〈法儀〉中都提到：「天欲義，惡不
義」，也就是「天」要人以「義」爲價值原則。

　　〈經上〉對「義」的解釋：「義者，利也。」〈天志下〉：
「義者，正也。」指的是一種「正利」，一種公正的利益，包括
了「以上正下」的善政，在上位者要匡正在下位者，這裡指的
「上」需直推到最高的「天」。〈經說上〉：「志以天下爲分，
而能能利之，不必用。」[9]以天下作爲自己的職分，自己的才
能能夠發揮出來而有利於天下人，不必爲國君所用，這就是
義。《墨辯》對於思維情境中的事態處理，乃以「義」爲原
則。高晉生指出：「儒家以義利爲相反之物，墨家以義利爲相
成之物者，蓋儒家所謂利，乃一人之私利，墨家所謂利，乃天
下之公利也。墨家所云：『義，利也』者，謂其心以利天下爲
自己之職分，其才能又能利天下，故曰：『志以天下爲芬，而
能能利之。』至於利天下之功，係乎見用於世。見用於世，屬
於人不屬於己。而義之界說，則在乎己不在乎人。所以見用於
世而成利天下之功，在義字界說之外。故曰：『不必用。』見
用而有利天下之功，仍不失爲義也。要之，《墨辯》對於義之

8 王讚源，《墨子》（台北：東大圖書公司，1996），頁85。
9 「分」原作「芬」，參見周云之，《墨經校注・今譯・研究——墨經邏
　輯學》（蘭州：甘肅人民出版社，1993），頁118。

觀點有五：

> 其一、義即是利；
> 其二、利之對象是天下；
> 其三、義者之存心以利天下爲自己之職分；
> 其四、義者才能能做到利天下之事；
> 其五、不必見用於世，有利天下之功，而後爲義。」[10]

如此，以「志」、「功」爲辯的觀點來看，在心志方面，義者必須有利天下的存心，行爲者不必見用於世，但在效果方面，則必須有利天下之功。其中，在「志」、「功」之間，還有一個十分重要的環節，就是「爲」，也就是〈經說上〉所謂的「志行」——實踐其所知、力行其志之所向。這也是前述高晉生所言之第四點，義者之才能能做到、能眞正實踐有利天下之事。而不是只有存心，而沒有行動；只停留在理論而沒有實踐。如此才能深刻把握「義」作爲倫理原則的內涵。

墨子講「忠」是「以爲利而強君也」[11]。勉強國君去做一件對國家有利的事，就叫做忠。對墨子來說，忠於國君並不是樣樣都要服從國君。〈經說上〉說：就好像當我們看到一個小孩子即將要掉入井中；當國君處在像這樣危急的狀況時，爲臣的爲了天下人的利益，就要勉強國君做他不想做的事，這樣才是眞正的忠；如《荀子》中講到的「逆命而利君」，爲了有

---

10 高晉生，《墨經校詮》（台北：世界書局，1981），頁35-36。
11 「君」原作「低」從孫詒讓解。孫詒讓，《墨子閒詁》（台北：華正書局，1987），頁282。

利於君，臣子可以違逆命令。由這裡就可以看出，在一個具體狀況中，我們很難用某一價值判準的固定解釋應用於各種變化的情境。

對於「孝」，〈經上〉講：「利親也。」通常我們講孝順，「孝」就是要順從父母，但是〈經說上〉說：「以利親爲分，而能能利親，不必得。」[12] 做對父母親有利的事是爲人子女的本分，自己的能力能夠的的確確發揮對雙親有利的功能。所謂利就是〈經上〉所謂「所得而喜也」，大家得到以後會高興的事情就是利。但是要注意的是，做對雙親有利的事，不見得能得到雙親的喜悅，未必會得到雙親的理解，即「不必得」。例如勉強雙親去做老人健檢，雖然對雙親有益，但雙親不見得會高興。

至於「信」，〈經上〉講：「言合於意也。」也就是與人交往時，符合其內心眞正想法的言論，亦即誠信而不詭詐欺騙，因爲「天志」也是反對以詐謀愚的。

以上所論及的生、愛、仁、義、忠、孝、信、利等價值判準，就墨家而言都是以「天」爲其總根源。此一價值根源的特性則影響每一價值判準自身的先後適用性，例如當忠、孝不能兩全時，或生與義無法兼得時，必須回溯到「天志」的層級思考。這個部分可以參考德國哲學家Max Scheler（1874-1928）

---

12 「分」原作「芬」，周云之，《墨經校注・今譯・研究——墨經邏輯學》（蘭州：甘肅人民出版社，1993），頁120。

衡量價值的標準：[13]

(1)持久性：被衡量的事物是否持久。如一張偽鈔，可能兩天後就沒價值了；愛情則可以海枯石爛，至死不渝。持久的愛情就比偽鈔有價值。

(2)不可分性：如一件藝術品，是不可分割的；蛋糕則可以一塊一塊分割。蛋糕的價值就不如藝術品。

(3)獨立性：不需依賴其他東西的幫助而存在。佛家講所有事物都是因緣和合而成，沒有獨立實有的性質，因爲對獨立實有的否定而有「空」的概念，即所謂「緣起性空」。所以如果有一個東西的存在是獨立不需依賴其他東西而存在，它的價值就比需依賴其他東西而存在的事物高。

(4)不可量化的滿意度：有價值的東西是一種滿意的經驗，不可量化的一種充實完滿的經驗。這個是很難形容的，我們大約可以想像一個人將要臨終時，他會覺得他過了一個很充實的人生，如果有這種感覺，他的人生就很有價值。

(5)根本性：從一個發展的過程來看，在我們所觀察的這個現象中，某一事物是在發展過程中最根本的，其他的變化和發展都是基於它而有的，這個東西就是很有價值的。

---

13 關於衡量價值的標準，可參考 Max Scheler, translated by Manfred S. Frings & Roger L. Funk, *Formalism in Ethics and Non-Formal Ethics of Values*, pp.90-95.

我們用Scheler的價值標準對比於墨子的價值根源，墨子之「天」是根本的、獨立的、持久的，至於「不可分性」比較適用於物質性事物，對於精神性的「天志」而言當然是不可分的。至於「不可量化的滿意度」則是對於行為實踐者——人的感受而言，此涉及人的一種意義感的滿足，當他依照他所肯定的價值判準行事為人時，縱然有所犧牲或損失，就整體而言，他仍然認為是值得的。也就是說在人的很多需求中，有一種精神性的需求——意義感。舉例來說，有些人參加社會公義的義工團體，當別人發生災難時，很快的就去幫助別人，他們就會感覺到生活很充實而有意義。意義感對人而言，是非常重要的，有些人可能家財萬貫，吃山珍海味，但是內心空虛，因為他沒有意義感。意義感的內容對每個人並不完全一樣，有些人需要不斷挑戰自我才能有意義感，有些人雖然活得很困苦，卻活得充實而滿足。在墨子的思想中，人順從「天志」行忠孝、仁義，愛利天下人，使天下人得以生存發展，這樣的行為實踐就能使人有意義感。

　　因此，當價值準則在行為實踐而需有所斟酌時，即當考察此行為所帶來的效果，是否對大多數人有長遠持久之利、是否能使實踐者有無愧於「天」的滿意度或意義感，來作為行事權衡的標準。例如墨子雖然講兼愛、非攻，但是當小國受到侵略時，仍然主張要武裝防守，雖不會主動攻擊，但是會幫助弱小國家防禦。然而，倫理實踐的權衡涉及具體情境的變化，因此如何把握情境的認識，則為墨子「兼愛」倫理學建構中重要的一環了。

第三節　情境認識論

　　倫理思想產生於特定的「倫理情境」，「情境」是指人在客觀經驗的認知環境中，加入個人主觀性因素之思維情境。所謂倫理情境，則是指人對客觀認知環境或現實生活的經歷，涉及價值規範、倫理原則，所構成的思維情境。倫理情境的構成，有幾個基本的面向：(1)是靜態把握，亦即人、事、物關係的確立；(2)是動態把握，亦即對事態未來發展的評估與預測；(3)是價值把握，亦即價值標準的觀照與倫理判斷。這三個要素都含有推類思維的運作。[14] 例如：〈兼愛上〉：「聖人以治天下為事者也，不可不察亂之所自起；當察亂何自起？起不相愛。臣子之不孝君父，所謂亂也。子自愛，不愛父，故虧父而自利；弟自愛，不愛兄，故虧兄而自利；臣自愛，不愛君，故虧君而自利；此所謂亂也。雖父之不慈子，兄之不慈弟，君之不慈臣，此亦天下之所謂亂也。父自愛也，不愛子，故虧子而自利；兄自愛也，不愛弟，故虧弟而自利；君自愛也，不愛臣，故虧臣而自利。是何也？皆起於不相愛。」墨子在描述天下之亂象，並說明造成亂象的原因時，其中的人物有：君臣、父子、兄弟，而其中的人物之間已具備了政治、血緣、倫理的關係，這些關係的確立即靜態的把握。

---

14 李賢中，〈倫理情境與類推思維探析〉，《哲學與文化》，27卷9期，2000年9月，頁829-830。

在動態的把握方面，由於倫理情境中所構作的觀察對象，可能處在變化中，因此對於事態發展可能性的預測，即動態把握。例如在〈非樂上〉，墨子指出：「今惟毋在乎王公大人說樂而聽之，即必不能蚤朝晏退，聽獄治政，是故國家亂而社稷危矣。今惟毋在乎士君子，說樂而聽之，即必不能竭股肱之力，亶其思慮之智，內治官府，外收斂關市、山林、澤梁之利，以實倉廩府庫，是故倉廩府庫不實。」墨子認爲社會上各階層的人如果沈迷於音樂，將會荒廢他們分內的事，不僅是王公大人、士君子如此，農人、婦女的生產工作也會受到影響；由於墨子對於事態發展的評估如此，相對於天下萬民之利，因而認爲從事於音樂宴樂的活動是不對的。事實上，未來可能發生的事難以預料，但倫理情境的動態把握，總會偏向某種未來事態發展的可能性，而這種偏向的產生，往往必須透過類比思維的作用。《墨子・魯問》載彭清生子說：「往者可知，來者不可知。」墨子反駁說：「籍設而親在百里之外，則遇難焉；其以一日也，及之則生，不及則死。今有固車良馬於此，又有奴馬四隅之輪於此，使子擇焉，子將何乘？」彭清生子說：「乘良馬固車，可以速至。」墨子說：「焉在不知來！」墨子的思維是以過往的經驗，不考慮其他因素，僅就交通工具的良窳之效果來看，其類比的一端是：過去「固車良馬」可速至，未來類同於過去，因此現在可知未來「固車良馬」亦可速至。但若考慮其他因素如：天候、路況、駕車者之經驗、心情、良馬之體能狀態等等，則可否速至仍無法絕對料準的。墨子之所以如此推類，是已將未來事態發展，定於某一可能性之偏向，

而進行預測；此即倫理情境之動態把握。

再者，價值的把握則是某一價值原則和某一情境的關係，例如：在〈大取〉篇中愛的等級是以「義」為標準，我們可以分析出四層內涵，此四種內涵相對於四種不同的情境：

第一，親人倫列之愛。如同儒家之差等親疏之愛。〈大取〉：「義可厚，厚之；義可薄，薄之；謂倫列。德行、君上、老長、親戚，此皆所厚也。」這種有差等的倫列之愛，隨著親疏關係的淡薄而淡薄。從墨家的觀點來看，這種愛的層次並不高。

第二，天下人平等之愛。只要是人，就是所應愛之對象，不論他是不是我的親戚或同胞。不論他的年齡，或與我的親疏關係。所以〈大取〉說：「為長厚，不為幼薄。親厚，厚；親薄，薄。親至，薄不至。」伍非百解釋：「親厚者厚之，親薄者薄之。推而至於至薄之親，豈非亦有至薄之愛？若親盡者，又將何以為薄乎？豈親盡而愛亦隨之以盡耶？此倫列之說所必窮者也。」[15] 由此可見，墨家所看重的是「愛無厚薄」的兼愛、平等之愛。

第三，志功為辯之愛。〈大取〉說：「志、功為辯。」此乃就兼愛的心志與實踐而言，基本動機是為愛天下人，但在具體實踐上卻是愛某人，結合「志」、「功」兩方面來看，即為愛所有人而愛某人。如〈大取〉說：「為天下厚禹，為禹也。

---

15 伍非百，《先秦名學七書》（台北：洪氏出版社，1984），頁410-411。

為天下厚愛禹，乃為禹之愛人也。厚禹之為加於天下，而厚禹不加於天下。」由於在具體行動上，無法愛利天下人，總是直接愛利某人或少數人，所以墨家以「厚禹」之例說明。由於禹能愛天下人，故所厚在禹，而所愛在天下人。

　　第四，犧牲之愛。〈大取〉說：「愛無厚薄，舉己非賢。」平等之愛在面對人己相對的情況下，若愛人則有害於己時該如何？墨家認為聖人為求愛人，不務愛己；若於己有害，而於人有利，雖摩頂放踵為之。因此〈大取〉又說：「聖人惡疾病，不惡危難。正體、不動，欲人之利也，非惡人之害也。」聖人厭惡疾病，但不怕危難，鍛鍊身體並自堅其志，不在危難面前動搖，要求利人，但不懼怕人所加諸的危害。

　　價值的把握與其思維情境有關，一行為者的思維情境若僅著眼於血緣上的親屬關係為範圍，則其價值原則即取倫列之愛；若放眼於全人類為範圍，則其價值原則即取平等之愛。若從實踐的現實情況著眼，即取依志求功、以功遂志之愛為其原則；再由實踐時人己之利害關係著眼，即取犧牲之愛為原則。

　　由於情境認識論中，「靜態的把握」涉及認知者主觀部分的「情境構作」，「動態的把握」涉及認知者的「情境的處理」，而「價值的把握」則涉及認知者的「情境的融合」，因此認識歷程中情境構作、情境處理與情境融合三個影響認識結果與實踐的重要層面，必須加以說明。

　　首先，情境構作層是來自客觀認知境域所提供的與件，以及認知者個人的一些習慣。所謂「習慣」是指：由過去經驗而固定的一種普遍行為方式。情境構作，基本上是繪出圖像，提

供場景，有了所構作的情境，才能作靜態的把握；例如，有反對墨家兼愛思想者提出：若愛別人的父母就像愛自己的父母一樣，會不利於自己的雙親，而有害於孝道。姑不論反對者所構作的情境為何？墨子所構作的情境是〈兼愛下〉所云：「姑嘗本原之孝子之為親度者，吾不識孝子之為親度者，亦欲人愛利其親與，意欲人之惡賊其親與？以吾觀之，即欲人之愛利其親也。然即，吾惡先從事，及得此？若我先從事乎愛利人之親，然後人報我以愛利吾親乎？意我先從事乎惡賊人之親，然後人報我以愛利吾親乎？即必吾先從事乎愛利人之親，然後人報我以愛利吾親也。」墨子所構作的情境，是為求別人能善待其雙親，而先愛利別人的雙親，也就是達到孝親的結果在後，愛利人之親的原因在前；其中預設著人與人之間的感通與必然的回報。此與對「兼愛」提出質疑者所構作的情境是不同的。質疑或反對「兼愛」者所構作的情境，可能是當人之親與我之親在同一時空下，在資源有限的情況中，依兼愛精神如果當下利人之親，則必然無法有利我之親，故提出「兼愛」有害於孝道。若是如此，從情境構作的觀點來看，墨子的反駁是答非所問的。

　　墨家哲學是否就迴避了這個問題呢？我們可以從其他的情境構作與處理上，看出其如何回答這個問題。〈大取〉：「二子事親，或遇熟，或遇凶，其利親也相若。」[16] 愛在實際的

---

16 「其」後原無「利」字，依譚戒甫、周云之校。周云之，《墨經校注・今譯・研究——墨經邏輯學》（蘭州：甘肅人民出版社，1993），頁106。

實踐上，必然會有差異的，譬如有兩個兒子，一個住在豐收之區，一個居住於災荒之區，收成多的事奉父母較厚，收成少的事奉父母較薄，兩者受限於現實的物質條件不同而有別，但他們愛利其親的心是一樣的。如此說來，對於人之親與我之親的兼愛心可以相同，但在實踐此愛心時必然會有差異。所謂情境處理即是對思維圖像，或場景中的事物做出描述、解釋及賦予意義，並且在賦予意義時，還有一問題意識的導向。既然愛在實踐上必有差異，那麼這種差異是否仍有原則可循呢？〈修身〉：「近者不親，無務求遠；親戚不附，無務外交。」也就是以近者、親者為先。若如此，當人之親與我之親在同一時空下，在資源有限的情況中，應該是先照顧自己的雙親為是，而無礙於孝道了。不過，這樣的情境處理，「兼愛」與強調等差親疏之愛的儒家「仁愛」又有何差別？

這可以從第三層的情境融合來看，情境融合指兩方面，「兼愛」一方面是普遍、平等之愛，另一方面又是有遠近、親疏之愛；此看似自相矛盾的思想如何融合？〈大取〉：「志功為辯。」又說：「志功不可以相從。」志，是指心志。功，是指事功。志，是由順承「天志」而來，因此〈法儀〉指出：「天之行廣而無私。」《墨子‧兼愛下》據此解釋《尚書‧泰誓》：「即此言文王之兼愛天下之博大也，譬之日月兼照天下之無有私也。」人們順天志兼相愛、交相利也應該是無私的，是沒有等差、厚薄之分；但這是心志和精神層面的。〈經上〉：「異，二必異，二也。」此是指在現實層面，任何兩件事物必有差異。因此在兼愛的實踐上，也必然會有遠近、親疏

的差別。如此融合是將兩種層次融合在同一主體上，肯定了道德實踐主體在心志和行爲的層次差異。並且這樣的融合，也在化解墨子兼愛理論內部的矛盾。不過，對於「兼愛」與「仁愛」的差異，則必須由心志和行爲層次的通貫來作說明。差等、親疏之愛的正當性一旦作爲最高原則，那麼，在實踐愛的行爲時，爲了達成這種愛的完滿實現，可以完全不考慮所愛對象、所愛範圍以外的人他們的死活。但以兼愛的「志」、「功」相貫來看，在實踐愛的行爲時，固然不能同時遍愛全天下的人，但在愛親、近的對象時並不能不顧所愛對象以外的其他人，並且，在關懷個別對象或少數對象時，正是以關照天下人的心志、胸懷，爲指導當下所愛對象如何去愛的原則。這也就是所謂的「依志求功、以功遂志」。

情境構作，基本上是繪出圖像，提供場景；而情境處理則是對圖像或場景中的事物做出描述、解釋及賦予意義。思維在進行的時候是動態的整體，情境構作的成功，往往是因爲情境處理的順暢；反之，倘情境處理失敗，則勢必要重新調整原先的情境構作。

以上倫理情境的靜態、動態、價值三個面向，確立了一個倫理情境的內容與範圍。其內容的多少、範圍的大小，與其情境構作的時空視域之觀點有關，其情境處理與問題意識有關，而價值把握則與推類思維相關；其中「靜態把握」是人、事、物所構成的事態與事態間的關係；「動態把握」則是變化前、後或未來與過去間的關係；最後，「價值把握」則是事態與事態、關係與關係、原則與事態間的推類；由此可見推類思維在

倫理情境構成上是相當重要的。上述三面向雖以分析的方式分別來談，但在實際狀態中，任一倫理情境中常包含此三個面向。當思想活動實際進行時，情境構作、處理與融合也是以變化多端的方式進行。

第四節　推類方法論

〈經上〉：「刑（形）與知處。」也就是形體與能夠認知的心靈相結合，而心靈的重要活動即認知與推理。在認知的部分，《墨經》指出了認知主體的認知能力：「材」及「五路」；如〈經上〉：「知，材也。」〈經下〉：「知而不以五路，說在久。」其中，「材」是指認知主體的本有認知能力，「五路」就是指「五官」。認知主體之五官必須與認知對象有所接觸；如〈經上〉：「知，接也。」〈經說上〉：「知：知也者，以其知過物，而能貌之，若見。」感官必須與物接觸，認知主體，才能有所知。如視覺與物接觸而在心中留下一物像，貌似該物。

在認知作用中認知主體還必須有其主動性：「慮」、「求」；如〈經上〉：「慮，求也。」〈經說上〉：「慮：慮也者以其知有求也，而不必得之，若睨。」人既有知物之本能「材」，還需有主動知物之動作「慮」；如此仍然未必能達到知的目的，像目之尋視，若事物遙遠，仍無法知；若僅有感官作用，而無理性統覺，亦無法知。認知主體的統合作用及所能達

到的認知結果即：「恕」、「明」；如〈經上〉：「恕，明也。」〈經說上〉：「恕：恕也者，以其知論物，而其知之也著，若明。」「恕」有比度推論之意，是以感官作用接觸對象物所得之知，做進一步的統合論斷所得明審之知。

認知的結果即產生概念，藉由概念的連結形成語句來反映事態，如此才能進行情境的構作，情境的處理、融合則需要推理、思辨。所以在墨家看來，「名」的產生是由「認知」而來，而「辭」則是由「名」的組合所構成；再進一步看，「說」是由不同的「辭」整合而成；至於「辯」則是由各式各樣的「說」所互動而成的。〈小取〉：「以名舉實，以辭抒意，以說出故。」辯、說的主要形式即「推類」。

倫理事態的認知、價值原則的運用、道德行為的實踐都需要「推理」，而在墨家的推理方式中最主要的推理形式即「推類」。情境構作、處理，乃至於情境融合的思維過程中，都會運用到「推類」。倫理情境中靜態、動態、價值把握，也都含有推類思維的運作。

所謂「推類思維」，基本上是根據兩個或兩類事物，在某些屬性上或關係上的相同或相似之處，從而推論出它們在另一屬性方面或關係方面，也可能相同或相似的推理思維。〈小取〉說：「辟也者，舉他物而以明之也。」[17] 此亦即惠施所謂：「以其所知，諭其所不知，而使人知之。」（《說苑·善說》）推類思維包括「類」與「推」兩部分，何謂「類」？「類」即

---

17 「他」原文為「也」，依孫詒讓，《墨子閒詁》（台北：華正書局，1987），頁379。

「同」或「相似」，《墨子‧經說上》：「有以同，類同也。」
又曰：「不有同，不類也。」孟子也說：「故凡同類者，舉相
似也。」（《孟子‧告子上‧7》）此外，〈經上〉將「同」分
為四種：重同、體同、合同、類同。所謂「二名一實，重同
也。不外於兼，體同也。俱處於室，合同也。有以同，類同
也。」事物之所以「同」，有其「同」的理由，此理由即
「故」。周云之說：「『類』這個詞和概念是很早就提出了，但
作為一個明確的、嚴格意義下的哲學概念，只有把『類』建立
在『故』的基礎上才能確立。這裡的『故』就是言事物的所然
與所以然，也即是指事物的特性、共性、本質或事物之所以如
此的根由、依據。」[18]《易傳‧繫辭上》云：「方以類聚，物
以群分。」〈文言〉也說：「物各從其類。」指出了事物分類
的某些客觀性根據。

　　至於「推」，則是由已知朝未知發展的思維與表達作用，
以「類」為基礎的推理活動。如墨子「兩而進之」的推論方
法，就非常注重知、言、行的一致性。〈兼愛下〉：「子墨子
言曰：『用而不可，雖我亦將非之，且焉有善而不可用者？』
姑嘗兩而進之，設以為二士，使其一士者執別，使其一士者執
兼。是故別士之言曰：『吾豈能為吾友之身，若為吾身，為吾
友之親，若為吾親。』是故退睹其友，饑即不食，寒即不衣，
疾病不侍養，死喪不葬埋。別士之言若此，行若此。兼士之言
不然，行亦不然。曰：『吾聞為高士於天下者，必為其友之

***

18 周云之，《名辯學論》（瀋陽：遼寧教育出版社，1996），頁325。

身,若爲其身,爲其友之親,若爲其親,然後可以爲高士於天下。』是故退睹其友,饑即食之,寒即衣之,疾病侍養之,死喪葬埋之。兼士之言若此,行若此。若之二士者,言相非而行相反與?當使若二士者,言必行,行必果,使言行之合,猶合符節也,無言而不行也。」這是墨子爲維護自己兼愛思想之可行,面對反對者之詰難所做的回應,首先構作了「別士」與「兼士」的不同情境,並且對於二士的言行一致作了設定,這也是在推論過程中對於已知部分的確立。之後,設計一狀況,以觀二者的反應與作爲,墨子接著說:「然即敢問今有平原廣野於此,被甲嬰胄,將往戰,死生之權,未可識也;又有君大夫之遠使於巴越齊荊,往來及否未可識也。然即敢問不識將惡(從)也,家室奉承親戚,提挈妻子,而寄託之,不識於兼之有是乎?於別之有是乎哉?」這是在前提狀況設定後,所提出的問題。此一問題有明顯的答案,構成答案的思維活動中包含著一些推論,如:若我將我的妻小親戚託與兼士則衣食不缺、死喪有照應。現我將我的妻小親戚託與兼士,所以他們將衣食不缺、死喪有照應。由於這結論有其合乎人情的必然性,反對者也無法不認同,因此,墨子接著說:「我以爲當其如此也,天下無愚夫愚婦,雖非兼之人,必寄託之於兼之有是也。此言而非兼,擇即取兼,即此言行費也。不識天下之士,所以皆聞兼而非之者,其故何也?」以上的論證,墨子是將反對者一起納入情境的處理中,在他所設計的情況下,所有的人都會作相同的選擇,反對者是人,因此反對者必然也作相同的選擇(選擇兼士,不選擇別士)。如果能獲得這樣的結論,也就能顯示

出反對兼愛者的自相矛盾。因為反對者在言語上否定兼愛，但在行為上卻肯定兼愛；言而非兼，行則取兼，這是自相矛盾的。因此，墨家「兩而進之」的推論方法，是基於言行一致的標準，如果言行不一致，則那樣的言論是錯誤的。其推論的標準「言行一致」本身就包含著「言」、「行」是同類可推的兩個範疇。並且也隱含著一種意圖：若「兩而進之」的情境兼愛是可行的，那麼，所有兼愛的實踐也都是可行的。亦即「兩而進之」的情境，類同於其他行兼愛的情境。

此外，在《墨經・小取》中的辟、侔、援、推，基本上也是推類思維的運用。此在第二章第二節之三的「推類法」中已詳細論述。

辟、侔、援、推的推類思維，在情境構作上從單一主體的單一推類，擴展到多重推類；又從單一主體的情境推類構作，拓展到主客對辯式的情境推類融合；由單向而雙向、由簡單而複雜；以符應現實的變化，以逐行個人在變化中的企圖。

綜上所述，不論辟、侔、援、推的各種推類，都涉及到兩個對象或思想對象間的比較，也涉及認知主體可以靈活、多樣地去設定其比較的兩端；不過，其兩端的相似性、類同性並非是任意的，其確切的比較標準雖然隨著觀點轉換而不定，但就整體而言仍然有它的一致性，乃有理可循。這也就是《墨子・大取》所謂：「三物必具，然後足以生。……以故生，以理長，以類行也者。」其中的「理」即推理的法則、法儀。這在倫理情境的建構上，也被要求有一定的合理性。

推類思維雖沒有推論上的必然性，卻有使人由已知到未知

的擴充作用，和在不斷變化的歷程中，某種一致性道德原則的把握，進而促成倫理實踐。推類作用有助於倫理情境的構作，在倫理情境構成之後，推類作用有助於將典型情境中的道德原則，推廣至其他的經驗事件，進而做出正確的道德判斷。透過推類思維在倫理情境中的作用，可擴大倫理意識的範圍與深度。經由倫理意識的強化，亦有助於推類思維定向功能的發揮，不會脫離倫理情境的思考建構。

第五節　權衡利害的道德實踐

　　價值規範與倫理原則的確立是屬於理論層次上的建構，一旦進入實際變化的各種情境中，如何衡量事態變化的可能性，並運用這些這些規範和原則，則是實踐層次的問題。

　　當代許多倫理學理論，不論是目的論或義務論，常是藉著一些包含衝突的情境，來探討某種規範原則的普遍性。就倫理情境的動態把握而言，對道德義務衝突情境的思考，的確幫助我們反省不同倫理學理論的價值，但「衝突情境」卻常是不足或不完備的倫理情境，因其掌握的現象，仍處在變化不定的情況中，例如：張三因車禍而成為植物人，是否應繼續醫療照顧下去，還是應該要求醫師除去其維生設備？若從目的論的效益主義思考此一問題，涉及：如果拔去張三的維生設備，可能的正面效益是：「(1)終止張三生不如死的痛苦狀態；(2)使張三家人免於長期的金錢負擔和精神折磨；(3)不必繼續浪費醫療

資源與社會成本等等。」另可能的負面結果是：「(1)植物人
仍然有可能在多年後復甦，若然，豈不剝奪張三的生存機會；
(2)若未來醫術進步，發展出治癒的方法，此時了斷，豈不成
了謀殺；(3)此舉對社會大眾的示範作用，是否造成其他人藉
此而蓄意謀殺以脫罪等等。」[19]正反兩面包含了許多不確定
的可能狀況，因而左右爲難。在上述的倫理情境中，就靜態把
握而言，參酌相類似的情境，要考慮宜納入多少的人、事、
物。在動態把握方面考量是「多久的未來」爲宜，藉推類思
維、依個案特殊因素作可能性之偏向，以確立此一倫理情境之
範圍，進而作價值原則之把握。如此，才有可能擺脫理論上不
確定因素的羈絆，而導向倫理實踐。不然，理論本身反而可能
成爲倫理實踐的阻礙。

　　就每一次道德實踐的過程觀之，總有一些無法準確估計的
因素摻雜其中，因此一個行爲者在面臨倫理情境的抉擇時，他
必須對情境中的事態加以認知，並且在動態的發展過程中不斷
尋求適宜的動態校準活動，這也就是〈大取〉中所謂的
「權」。〈大取〉：「於所體之中，而權輕重之謂權。權非爲是
也，亦非爲非也。權，正也。斷指以存腕，利之中取大，害之
中取小也。害之中取小也，非取害也，取利也。其所取者，人
之所當執也。遇盜人，而斷指以免身，利也；其遇盜人，害
也。斷指與斷腕，利於天下相若，無擇也。死生利若一，無擇
也。殺一人以存天下，非殺人以利天下也。殺己以存天下，是

---

19 林火旺編著，《倫理學》(台北：國立空中大學，1997)，頁77。

殺己以利天下。」[20]

　　兼愛天下人是全面考量的基礎，但因為現實外力的限制，有時不得不衡量事態的輕重，做出取捨，這就是所謂的「權」，就像「指」與「腕」，在不能兼存的情況下，由於腕重於指，指輕於腕，故斷指以存腕，較為有利。斷指之事單獨來看，是一件有害之事，但是與斷腕合觀比較，則斷指可以存腕就變成一件有利的事。因此〈大取〉說：「害之中取小，非取害也，取利也。」再者，「權」不是知識中的是非判斷，而是人在現實情境中的適宜性抉擇，對於情境中的不同事態衡量其輕重利害。〈經上〉指出：「正，欲正，權利；惡正，權害。」〈經說上〉：「權者，兩而勿偏。」[21] 因此，「權」有以下之特性：

(1)對於未來事態發展的可能性加以認知把握（情境中至少有兩種事態，一實現，則另一必不實現）。

(2)對於未來事態發展的可能性予以評估（欲正，就利的方向衡量；惡正，就害的方向衡量）。

(3)比較評估之後的利害關係（就整體觀察，各部分對整體利害關係的影響如何）。

(4)依「利之中取大，害之中取小」的原則做出取捨（害之中取小，乃不得已；利之中取大，乃非不得已）。

---

20 校文參考陳孟麟，《墨辯邏輯學新探》（台北：五南出版社，1996），頁415-417。

21 陳孟麟，《墨辯邏輯學新探》（台北：五南出版社，1996），頁284-285。

「義」即是「利」，因此在需要抉擇的情境中，墨家強調抉擇在於權衡輕重，權衡在於趨利避害，而利害的承受者乃天下人。如何抉擇？〈大取〉：「利之中取大，害之中取小也。害之中取小也，非取害也，取利也。」因此，一件行為的當行不當行，以是否有利於天下人為判準。

除此之外，〈大取〉還指出，情境中的事態可以歸類，再與更重要的事態相比較，例如：斷指可以利天下，斷腕也可以利天下，斷指與斷腕就可歸為一類，相對於「利天下」而言，墨家的立場是以「犧牲之愛」為價值規範，不會計較自身之利害，亦即不會僅取斷指以利天下，而不取斷腕來利天下。亦即如果利在天下，而害在己身，則不論害的輕重都該去做。所謂：「斷指與斷腕，利於天下相若，無擇也。死生若一，無擇也。」

「權」的作用是在一種周全的思慮之下做成的抉擇，是在行事作為過程中的思慮，〈經上〉：「慮，求也。」《荀子・正名》：「情然而心為之擇，謂之慮。」所以〈大取〉：「於事為之中，而權輕重之謂求。求，為之，非也。害之中取小，求為義，非為義也。為暴人語天之（志）為是也，而性。為暴人歌天之為非也。諸陳執既有所為，而我為之，陳執執之，所為因吾所為也。若陳執未有所為，而我為之陳執，陳執因吾所為也。暴人為我為天之（志）以人非為是也，而性。不可正而正之。利之中取大，非不得已也；害之中取小，不得已也。所未有而取焉，是利之中取大也；於所既有而棄焉，是害之中取

小也。」[22] 在行為之中而權輕重的「求」。而有哪些因素影響其擇取的思慮呢？

(1)陳執：是指舊有的、習慣的價值信念。如〈大取〉：「諸陳執既有所為，而我為之，陳執執之，所為因吾所為也。」依照舊有的價值信念去做既然還有成效，那我就照做，堅持不懈，這樣做可推進工作。

(2)天志（義）：權求也並非不顧是非隨機的選取，其背後仍有「天志」作為是非的衡量準則。比如說「為暴人語天之（志）為是也，而性。」暴人為了我的作為而去實行天志，並從而認為人非如此做不可，是本來就該做的。[23]

(3)客觀情勢：如「利之中取大，非不得已也；害之中取小，不得已也。所未有而取焉，是利之中取大也；於所既有而棄焉，是害之中取小也。」客觀情勢中有不得不取捨之處。

雖然在道德實踐中，有許多變化的因素影響「權」、「求」的活動，但在墨家仍提供出明確的思想，作為抉擇時可以依循的原則。

總體來看，本章首先探討「兼愛」之內涵，指出墨家的「兼愛」是超越時空的整體人類之愛、平等之愛，追求實際的

---

22 孫詒讓，《墨子閒詁》（台北：華正書局，1987），頁406。

23 孫長祥，〈墨子大取篇的倫理思想發微〉，《華岡文科學報》，20期，1995年4月，頁50-51。

利益、公利；其方法乃愛人若己，藉著人際間的互動性與個人的主動性來完成的互利之愛。人們爲什麼應該「兼愛」呢？這涉及墨子的「價值」理論。「價值」是道德判斷和推理的重要依據。從墨學來看，在此活動背後的價值根源是「天志」；評價的標準有：生、愛、仁、義、忠、孝、信、利等重要觀念；構成以「天志」爲根源的價值論。

倫理思想產生於特定的「倫理情境」，「情境」是指人在現實經驗的客觀認知環境中，加入個人主觀性因素之思維情境。所謂倫理情境，則是指人對客觀認知環境，或現實生活的經歷，涉及價值規範、倫理原則，所構成的思維情境。倫理情境的構成，有三個基本的面向：(1)是靜態把握，亦即人、事、物關係的確立；(2)是動態把握，亦即對事態未來發展的評估與預測；(3)是價值把握，亦即價值標準的觀照與倫理判斷。由於情境認識論中，「靜態的把握」涉及認知者主觀部分的「情境構作」，「動態的把握」涉及認知者的「情境的處理」，而「價值的把握」則涉及認知者的「情境的融合」，因此認識歷程中情境構作、情境處理與情境融合三個層面，影響認識的結果與「兼愛」思想的實踐。

再者，倫理事態的認知、價值原則的運用、道德行爲的實踐都需要「推理」，而在墨家的推理方式中最主要的推理形式即「推類」。情境構作、處理，乃至於情境融合的思維過程中，都會運用到「推類」。倫理情境中靜態、動態、價值把握，也都含有推類思維的運作。其推類的方法包括：兩而進之、辟、侔、援、推等方法。

最後，就每一次道德實踐的過程觀之，總有一些無法準確估計的因素摻雜其中，因此一個行為者在面臨倫理情境的抉擇時，他必須對情境中的事態加以認知，並且在動態的發展過程中不斷尋求適宜的動態校準活動，這也就是〈大取〉中所謂的「權」。「權」的作用是在一種周全的思慮之下做成的抉擇，墨家強調抉擇在於權衡輕重，權衡在於趨利避害，而利害的承受者乃天下人。

　　墨子「兼愛」思想之倫理學建構，包括：以「天志」為根源的價值論、情境認識論、推類方法論及權衡利害的道德實踐等部分。本章是順著認知、思維、行為的脈絡考察相關的原典資料，並做出系統性的詮釋。其中「兼愛」思想的內涵貫串於兼愛倫理學每一部分的理論；兼愛的核心思想不但影響價值論、認識論、方法論，各部分理論之間也有相互的影響。例如：有了「天志」為根源的價值觀，「兼愛」的人生態度就自然形成，這種人生態度會影響人在認識事物、狀態時所關懷的對象，也會影響人在採取行動前的推理思考。而推類的方法論一旦形成一種思維習慣，也會影響人在認識事物時的觀察角度，以及採取行動的方式、道德實踐的技巧。再者，道德實踐經驗的累積，也會影響行為主體對於價值規範、情境認識、推理方法的反省及調整。因此，「兼愛」倫理學乃一理論的整體，透過此一理論的實際應用，與多方相關經驗的累積，「兼愛」倫理學也將會是動態發展的實用理論。

第五章
墨家兼愛與其他思想之比較

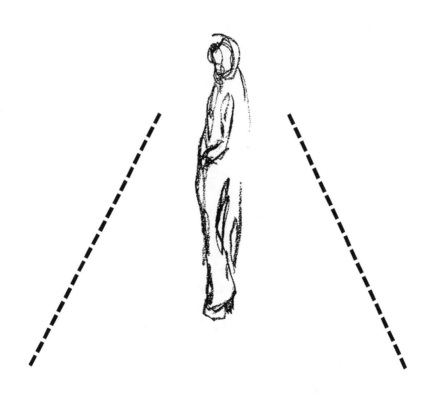

第一節　「兼愛」與「寬容」

一、何謂寬容？

　　由於世界各地經常發生各種形式的對立、衝突事件，大至國與國之間的戰爭、種族之間的仇視，小至各種社會團體的抗爭以及群眾的暴動，聯合國教育科學暨文化組織，於一九九五年以「寬容」為其哲學與倫理學部門所探討的主要論題。

　　墨家「兼愛」思想是超越時空、親疏關係、地位高低的平等之愛，兼愛的方法在於「視人若己，愛人如己」。而「寬容」正是基於平等的原則，對於他人的尊重。墨子的「兼愛」與西方的「寬容」，在意義與精神上是否相通？在問題思考的方向上有何不同？這是本節所欲探討的問題。

　　「tolerance」在中文譯成「寬容」。「寬」有器度宏大之意，如孔子曰：「寬則得眾。」（《論語‧陽貨》）「容」則是基於尊重的包容，如所謂：「有容德乃大。」（《尚書‧君陳》）「寬容」與「愛」有十分密切的關係，寬容是愛的表現，而愛是寬容的動力。

　　《大英百科全書》（*Encyclopedia Britannica*）第二十六卷一〇五二頁，「寬容」（tolerance源於拉丁字tolerare）的解釋是：容許別人有行動和判斷的自由，對不同於自己或傳統觀點

的見解的耐心公正的容忍。[1] 由此可知，寬容乃是尊重每一個
人在思想與行為上的自由，並且容忍這種自由所導致不同於己
的結果，同時這種容忍不是漫無標準的，在耐心與公正兩種張
力的平衡下所作的容忍，才是寬容。

寬容包含著對他人的尊重，寬容的發生，往往有對立者的
出現，相對於某一主體，此一對立者在信念、理想、思維方
式、判斷、行為……許多層面，異於原先的主體，且引發原主
體的不安、不適與不悅等身心上的負面反應。寬容者在公正的
原則下增加、擴大其容忍的範圍、限度，基於意識到人在本質
上的有限，自己的認知未必是充分的、完全的，因而調整原本
的視域與想法，包容對方可能錯誤亦可能正確的思想、行為。

寬容的努力包含著忍耐，但不完全等同於忍耐，因為忍耐
意味著某一主體其實無力改善來自對立者的種種壓力，只能默
默承受這種受迫的關係，如：大部分的屬下都會對上司忍耐，
如果這個上司在別的情境中成為下屬時，也會如此。陳文團教
授說：「忍耐只是一個避免損害、等待良機或逃避難題的手段
……忍耐是人處於較弱的情境時，即較沒有力量、較無機會及
較少資源去對付那些更有力量的人時的一種理性手段。」[2] 寬
容者除了消極的忍耐之外，還包含著可以積極調整的主動性，
不但有力量調整自己本身的不和諧，也有能力扭轉外在的情
勢，使自己免於處在窘迫的狀態，只是寬容者自覺地選擇運用

---

1 房龍（Hendrik Willem van Loon, 1882-1944）著，迮衛等譯，《寬容》
　（*Tolerance*）（台北：志文出版社，1998），頁26。
2 陳文團，《政治與道德》（台北：台灣書局，1998），頁208。

這些本有的能力去面對對立者的方式。

　　再者，寬容包含著寬恕，但並不全然等同於寬恕，因爲寬恕往往發生在上對下的關係中，例如：父親對子女的寬恕、老師對學生的寬恕。寬容者雖然有能力轉變不利於己的情勢，但並不代表寬容者與被寬容者就是上對下的關係，因爲基於對人性的尊重，寬容者與被寬容者是處於平等的地位，並不因寬容者實際的地位、能力、資源等外在條件的優渥，就可以赦罪的姿態寬恕對立者，寬容者自覺地意識到他與他人皆同爲人類，是平等的存在。

　　寬容也不是縱容，雖然其中有容忍，但還必須是公正的，由於人人平等，不可因縱容某一對象而傷害其他的人。例如對於連續犯罪者，倘若毫無限度的予以寬容而致使其他人一再受害，就絕非寬容而是縱容了。寬容包含著對人的自由之尊重，但自由畢竟以不妨礙他人的自由爲限度，此一限度即公正的基本要求。寬容也不意味著可以對錯不分、是非不明。是非對錯有其客觀標準，例如：偷竊或傷害他人，該行爲本身是錯誤的，$2+3=6$ 本身也是錯的，我們對犯下此一錯誤的青少年或兒童，基於他的特殊背景或心智狀態可以有所容忍，但不因此就改變了對錯的標準，面對此一狀況的師長，他們的包容還應包含著導正其子弟不再犯同樣錯誤的責任。

二、不寬容的原因

　　在這世上，在我們生活周遭爲何常常發生許許多多不寬容

的現象呢？不論是宗教上的不寬容、政治上的不寬容、種族上
的不寬容、社會的不寬容、人與人之間的不寬容，在人類歷史
中總是層出不窮。每一個人在生活的經驗累積中，逐步建立起
屬於自己的意義框架，他對於這個世界的看法、行為的準則、
事態未來發展的預測、事物價值評斷的標準，乃至於社交禮
儀、措辭遣字、思維與表達的方式等等，在其意義的框架中，
皆有其固定的位置。換言之，意義的框架撐起了一個人或一個
群體生活的基本結構，此意義結構中信念或信仰是最不容被侵
犯的，如果有人破壞或挑戰這個部分，其挑戰愈大，其被寬容
的可能性就愈低。然而，幾乎任何一個個人或群體，皆有其信
念或信仰。因此，宗教上的不寬容在人類歷史上最為普遍；其
他種族、社會、政治上的不寬容，也多能溯源至他們在信念或
信仰上的差異。

　　至於其他不寬容的因素，房龍（Hendrik Willem van Loon,
1882-1944）認為不寬容的理由出於：懶惰、無知及自私自
利。[3] 首先，出於懶惰的情況相當多，因為人們對自己熟悉的
傳統、習俗、生活情境、思考模式，有了習慣性的依賴和安全
感，根本懶得去理解那些標新立異的主張，更不願採取寬容的
態度。其次，出於無知的不寬容，則往往是囿於狹隘的觀點或
成見中，自以為站在真理的一方，既然自認自己一向都是正確
的，那麼去裁決、糾正別人的錯誤，甚至以強制的方式使對立
者屈服或改變初衷，也就其來有自、不難想像了。再者，出於

---

3 房龍（Hendrik Willem van Loon, 1882-1944）著，迮衛等譯，《寬容》
　（*Tolerance*）（台北：志文出版社，1998），頁147。

自私自利的不寬容，乃是眼中只有自己，當自己的既得利益受到威脅時，自然會對他人採取仇視、敵對的不寬容手段。

　　然而，這些有關意義結構的信念、信仰，或懶惰、無知、自私自利等不寬容的理由，在人性深處的真正原因為何？乃是對「有限」的恐懼。自有人類迄今，人的生存被巨大的恐懼所籠罩，人們害怕生命的終結，深深恐懼著威脅生存的不確定因素，因此，藉著歸屬於某種具有排他性的族群、社團，來自我認同，藉著自己和所屬集團成員所擁有的共同信仰、傳統、偏愛、希望和理想，來祛除內心深處的恐懼。陳文團教授說：「在一個封閉且同質性的世界裡，對於不同宗教、種族、文化的人之不寬容乃是經常發生的。」[4] 從這種意義上來說，房龍也提出：「不寬容不過是人們出於自衛本能的一種表現。」[5] 不寬容的理由是否因此而變得充分？當然不是，如果「寬容」是一種值得追求的德行，我們就必須站在全人類皆平等的觀點來審視「不寬容」，我們不難發現「不寬容」是不公義的，我們不能因為某一個人或某集團的好惡，作為唯一且絕對的標準，甚至作為迫害他人的合理化藉口。事實上，往往在不寬容的手段做盡之後，帶給人的並非真正的幸福，而是更大的懊惱或罪惡感，不但未能消除人性中深層的恐懼，反而帶來更大的不安。

　　我們如何去寬容別人？別人又為何可以寬容我們呢？不論

---

4 陳文團，《政治與道德》（台北：台灣書局，1998），頁197。
5 房龍（Hendrik Willem van Loon, 1882-1944）著，迮衛等譯，《寬容》
　（Tolerance）（台北：志文出版社，1998），頁388。

寬容的主體或對象,其是否有共通的基礎?首先我們必須調整
視野,從人類全體的觀點來看周遭的人、事、物,在物質上,
人人都有求生存的權利;在精神上,人人也都有追求意義以實
現自我的權利。因此,基於人類追求生存與生命意義的人性需
要,縱使有衝突存在,人人也都應獲得「寬容」的對待或以
「寬容」對待別人。肯定這種人人相同的人類共感經驗,是寬
容的基礎。並且,克服恐懼的唯一途徑,就是接受自己的有
限,唯有先接受自己是「有限的存在」,才有可能超越它。如
何超越?則唯有「愛」這種力量。《聖經·約翰一書》4章18
節說:「愛裡沒有懼怕,愛既完全,就把懼怕除去,因為懼怕
裡含著刑罰,懼怕的人在愛裡未得完全。」[6]而中國先秦時代
墨子「兼愛」的思想,正提供了「寬容」實踐的可能視野與動
力。

三、兼愛與寬容

墨子提倡兼愛,並不表示墨家否認人們本性中含有自私自
利的層面;而是認為人性中的自私自利是可以被轉化的,「兼
相愛、交相利」是一種明智需求的滿足。因為,自利並不是只
顧自己而不管別人,反因能夠體會別人的需要,將心比心地主
動關懷別人,就長遠來說,自己才能得到最大的利益。如果人
們總是完全地自私,結果必然如〈兼愛中〉所云:「天下之人

---

6 《聖經·新舊約全書》(香港:聖經公會,1984)〈新約〉,頁348-
349。

皆不相愛，強必執弱，眾必暴寡，富必侮貧，貴必傲賤，詐必
欺愚，凡天下禍篡怨恨其所以起者，以不相愛生也。」因此，
為了平亂以興天下之利，除天下之大害，墨子以「兼愛」來轉
化人們的自私心，意即主張從專愛己身轉為無私的愛，由主動
地先去愛自身之外的人，進而可得「交相利」的結果。誠如
〈兼愛中〉云：「夫愛人者，人亦從而愛之；利人者，人亦從
而利之。」又如〈兼愛下〉云：「必吾先從事乎愛利人之親，
然後人報我以愛利吾親也。」這種「利」也就是〈經上〉所謂
的「義，利也」。當然，天下間公利的達成，必須預設著「投
我以桃，報之以李」的互動性。此固然點出了「兼愛」的互助
性原則，但是，比相互性更重要的思想是──主動性：要真正
實踐「兼愛」，乃需主動「先」愛對方，互利的結果也是在這
種主動性下才能獲致。佛洛姆說：「愛是主動關懷被愛者的生
命及成長，若缺乏這種主動的關懷，就不是真愛。」[7]

出於天之意志的「兼愛」是普遍之愛，應如何落實呢？
〈修身〉說：「近者不親，無務求遠；親戚不附，無務外交。」
由此可見在兼愛的實踐上，是由近及遠有親疏之別。如此與具
平等性的「兼愛」是否矛盾？譚家健說：「視人之父若己之
父，並不等於抹煞人父與己父的一切差別。」[8]王讚源說：
「兼愛，從順承天志來說是無差等的，這是心量、精神的層
次。從具體實踐上說是有差等的，這是事實、行為上的層次。

7 佛洛姆（Erich Fromm）著，孟祥森譯，《愛的藝術》（*The Art of Loving*）（台北：志文出版社，1981），頁38。
8 譚家健，《墨子研究》（貴陽：貴州教育出版社，1995），頁40。

所以墨子才說：『志功不可以相從』。」[9]〈大取〉有「志功爲辯」之語。志，是指心願、意志；功，是指事功、實效。從《墨經》中可看出「兼愛」是指在精神層面上的愛心，〈經上〉：「無窮不害兼」意指人類無數，但不妨礙心志上對人類全體之愛；「不知其數而盡愛之」意指雖然不知道人類總數有多少，卻能在精神上愛其全體；還有「不知其處，不害愛之」意指：即使不知道對象實際存在於何處，也不影響內心對其之愛；凡此等等皆是例證。〈經說下〉：「仁，愛也。義，利也。」因此可知，墨家所強調的「兼愛」就「志」而言，是無差等的，但在「功」方面，則有等差之別，正如《孟子·滕文公》記載墨子的弟子夷之所說：「愛無差等，施由親始。」

　　前述「寬容」與忍耐、寬恕、縱容等概念的比較，有助於我們對於「兼愛」在實踐上落實於「功」方面的探討。首先，人人是否都有兼愛的能力？〈經上〉對「義」的解釋：「義者，利也。」〈經說上〉：「志以天下爲芬（分），而能能利之。」就是肯定人人皆有爲義的能力，〈兼愛下〉也提到兼愛也就是仁也、義也。因此，人人皆可有兼愛的能力。就「志」而言，人人皆可有這種理想或胸懷。其次，在「功」方面，人人是否都能在實踐上，以兼愛爲指導原則？兼愛的實踐者基於對「天」的信仰，肯定「天」能秉持公義賞善罰惡，即使對方的地位比我高、能力比我強，我對他的愛也不是出於勉強，兼愛的實踐並不是一種無可奈何，或是在不對稱之強大壓力下的

---

9 王讚源，《墨子》（台北：東大圖書公司，1996），頁189。

表面行為；因為兼愛是出於對人的主動關懷，不是基於畏懼人，而是出於順從「天」，因此兼愛並不是一種忍耐。

不過，兼愛包含「寬恕」而不等同寬恕。因為兼愛雖然強調人人平等，這是從天對人的角度來看，每一個人都是值得愛的對象：人應效法天去愛每一個人。但在〈尚同〉中墨子則明確地肯定了人在政治上的階級性，在〈兼愛〉、〈節葬〉等篇中也肯定了人際上倫理關係的長幼尊卑。因此，兼愛在具體情境的實踐上，必然包含著長輩對晚輩、長官對部屬的愛，因此在兼愛的豐富內涵中包含著「寬恕」。兼愛不同於寬恕，是因為兼愛也包含著晚輩對長輩、部屬對長官的愛。

再者，兼愛的實踐並不是「縱容」。雖然在某些具體的情境中，兼愛的實踐會容忍所愛對象的某些過失，但基於「天志」的公正性，絕不會縱容殺人、偷盜等有害於其他人的行為者，如〈小取〉所謂：「愛盜非愛人也，不愛盜非不愛人也，殺盜非殺人也。」就是明顯的例子。此外，墨子也不會縱容軍事上的侵略者，〈非攻下〉指出：「攻」與「誅」是不同的，「誅」是討伐有罪的暴王，而墨子的「非攻」所反對的是「攻伐無罪之國」的戰爭。因此，非攻並不是排除所有的戰爭，防禦性的軍事行動是被允許的。也由此可見，兼愛的實踐絕不是「縱容」。

至於造成不寬容的原因，也與造成人們無法兼愛的因素相關。相對於懶惰方面，墨子提出了「強力」的思想，強調一種積極、進取的生活態度。〈非命下〉指出：「強必富，不強必貧，強必煖，不強必寒，故不敢怠倦。」而君王不能兼愛天下

百姓，也是從「命」的思想而導生消極懶惰的態度。如〈非命上〉：「昔上世暴王不忍其耳目之淫，心涂之辟，不順其親戚，遂以亡失國家，傾覆社稷，不知曰『我罷不肖，為政不善』，必曰『吾命固失之』。」人們如果沒有積極進取的精神，就會養成固定、僵化的思考模式與生活方式，而不願主動去體諒、關愛別人了。

在人的無知方面，墨家十分重視正確的認知與推理，《墨辯》中探討了如何認知、辯說的相關理論；並且「興天下之利，除天下之害」的目標，就是以「天下」為視域，來擴展人們兼相愛的胸懷。至於人性中的自私自利方面，基本上，墨家並不否認有此層面，不過，卻能以人與天的感應、人與人的相互性，透過兼相愛轉換自私自利為交相利，使人在兼相愛的實踐中，彼此得利。因此，墨子的兼愛理論，可避免人與人之間的不寬容，而有助於寬容的實現。

整體看來，墨子「兼愛」與「寬容」思想有相通之處。首先，「兼愛」的特色可分為理念層次與實踐層次。理念層次的兼愛有：普遍性、平等性，以天志為其理論的基礎；在實踐層次的兼愛有：主動性、交互性與具體對象的差別性。個體存在於整體中，並與整體發生關聯而展現其生命意義。個體由對一己之愛，擴大為對整體之愛，進而落實於其他個體，這就是墨子「兼愛」思想在理念層次與實踐層次的統一。

相對的，寬容的實踐也有賴於人與其他存在者相互關聯的一體之感，而墨子所謂的人類全體之愛，正有助於個人調整視野，擴大胸襟。寬容不是一種上對下的關係，而是基於平等的

互相尊重；換言之，平等之愛正是寬容的必要特質。「兼愛」
的最終根據在具有超越性的「天」，寬容以凌駕私己之愛爲基
礎，其最終的根據也應該是超越的。若從宗教的觀點來看，最
相符的印證，是基督宗教中所強調的愛，「我們愛，因爲神先
愛我們」（《聖經・約翰一書》4：19）。人因懂得體會上帝赦
免人類的罪、體會到上帝對每一個人的愛，使得人得以激勵自
己，勉力實踐「愛上帝」與「愛人如己」的訓示；從而使人與
人、團體與團體間也能建立彼此相愛、互相寬容的基礎。

　　人類彼此寬容，是爲回應上帝的愛，也是尊重人性中對
「愛與被愛」的渴望；正如墨家的「兼愛」是由順從「天志」
而來。墨家的兼愛思想與寬容其精神相通，在中西哲學的比較
上，是一對相輔相成的觀念。「兼愛」思想的內涵較「寬容」
更廣泛，但「寬容」在具體施愛的實踐上，其意義的分析更爲
細緻，經由兩者的比較，將有助於「兼愛」理論朝更深刻的方
向發展。

第二節　從墨家「兼愛」觀佛家「慈悲」

一、慈悲的意義

　　前面第四章第一節已指出，墨家的「兼愛」是超越時空的
整體人類之愛、平等之愛，追求實際的利益、公利，藉著人際

間的互動性與個人的主動性來完成的互利之愛。「愛」是否爲
各種文化所肯定的理念呢？

　　佛教中對於「愛」多持否定的看法，廣義而言，愛有煩惱
之意；狹義而言，愛與貪欲相同，是一種執著。就「愛」的分
類來看，包括：愛（piya）指對自身、對血統、對親族所有血
緣上的愛；親愛（pema）指對他人的友情；欲樂（rati）指對
某一特定個人的愛情（戀愛）；愛欲（kāma）則指性愛；渴
愛（tanhā）則指一種病態的執著之愛。[10]其中的渴愛正是人
生「愛」之本體，順其發展則生苦惱。

　　「愛」在佛教思想中爲十二因緣之一，乃貪戀執著於某一
事物，它與「憎」有著密切的關係，佛陀曾說：「由愛更生
愛，由愛而生憎；由憎而生愛，由憎更生憎。」（《法句經》
[「增支」部經典二]）愛可生愛，也可因愛生憎。佛教認爲，
眾生之所以有愛（他愛），悉根源於自愛，妄執我有，以我爲
中心，一切從我出發，有利於我者愛之，不利於我者憎之，由
此產生親疏差別，最後導致對某一人或物的迷戀執著，並由此
產生種種苦惱。因此，愛就是自愛基礎上產生的貪愛，爲三毒
之首，由愛生癡，由愛轉瞋。

　　佛教原始教義所論之三法印，提及「諸法無我」，是指一
切存在都不能自主，因爲一切存在皆無「獨立實在性」。因
此，「愛」之所以無法帶給人幸福、滿足的理由就在於「愛」
是從虛幻的基礎出發，執著虛幻的自我，追求虛幻的對象，渴

---

10 吳汝鈞，《佛學研究方法論》（台北：學生書局，1983），頁183-
　　184。

愛愈深，苦惱愈盛。但是，當人感到自己的痛苦，進而感受到他人的苦惱時，此時「慈悲」的思想就應運而生，產生了對眾生之苦的悲憫，以人我同苦之心對待他人，拔除他人的苦惱。

從字源義而論，「慈」梵文為maitreya，其字源是「友」（mitra），其意即是「最深的友情」。而悲的梵文為karunā，其字源意為呻吟。當人意識到自己的呻吟，若更能對他人的苦惱有共感，而對同體陷入苦惱的人，有一種親切感和友情的話便生「慈」。[11] 所謂「慈悲」是慈與悲的合稱。慈，意為慈愛眾生，給予他們快樂。悲，意為同情眾生之苦，視眾生之苦如同身受，並積極救濟，拔除其苦。張懷承指出：「佛教之悲，並非簡單的悲天憫人，而是以眾生所受的諸苦為己身受，與眾生受苦同心同感，故稱同體大悲。又以其悲心至廣至大，無以復加，故稱無蓋大悲。」[12]

「慈悲」可分為兩種，一是日常生活所經驗到的「慈悲」，另一則是作為各修習禪定業處的「四無量心」。[13] 這兩者密切相關，且後者是前者的深化，「四無量心」其實是慈悲的四個層面，也是佛與菩薩為普渡無量眾生，使其脫離苦海，獲得無上快樂的四種道德精神：慈、悲、喜、捨。《阿毗達摩俱舍論》卷二十九有云：「無量有四：一慈，二悲，三喜，四捨。言無量者，無量有情為所緣故，引無量福故，感無量果故。此何緣

---

11 吳汝鈞，《佛學研究方法論》（台北：學生書局，1983），頁184。

12 張懷承，《無我與涅槃——佛家倫理道德精粹》（長沙：湖南大學出版社，1999），頁285。

13 趙淑華，〈有關「慈悲」的諸問題〉，《法光學壇》（*Dharma Light Lyceum*）（台北：法光佛教研究所，1997），1期，頁39。

故唯有四種？對治四種多行障故。何謂四障？為諸瞋害、不欣、慰欲、貪瞋，治此如次建立慈等。……此四無量，行相別者：云何當令諸有情類得如是樂？如是思惟，入慈等至。云何當令諸有情類離如是苦？如是思惟，入悲等至。諸有情類得樂離苦，豈不快哉！如是思惟，入喜等至。諸有情類平等平等，無有親怨。如是思惟，入捨等至。」依此，努力使無量眾生獲得真實快樂為「慈」；使無量眾生遠離痛苦為「悲」；為無量眾生離苦得樂感到由衷的快意為「喜」；視無量眾生平等，怨親不二為「捨」。此四無量的核心就是「慈悲」。其中，「捨無量」指出發揚慈悲精神時面對眾生的態度，而「喜無量」表明發揚慈悲精神的感動，慈悲乃是出自對眾生真誠的關懷，並非為慈悲而慈悲，更不是為自己而慈悲。

《大智度論》說：「一切諸佛法中慈悲為大。」慈悲是對眾生整體存在狀態——「苦」的一種深切的關懷，對於苦難眾生的同情與悲憫，「慈悲」與「兼愛」落實於現實生活中的行為表現，道德實踐可能相當類似，但是他們的世界觀、價值觀及理論原則卻大不相同。

二、兼愛的價值根源與慈悲的預設

「價值」是道德判斷與推理的根據。關於價值根源的理論，就主觀論而言，認為凡是有價值的事物是人類主觀的發

明。[14]譬如鑽石，只有人會認為它有價值，狗就不會感興趣，或者，更準確的說，是人在某一時空中，或在同一時代的某些人會肯定鑽石的價值，在遠古社會可能不被重視，或同一時代的某些人也不認為鑽石有什麼價值。因此，價值是主觀的。相反的，客觀論則認為價值是在事物中；或者是造成這一切有價值事物的根源——在超越界。[15]例如：食物對人類的能量提供就有一定的價值，食物就高於石頭對人的價值；因此，它的價值是客觀的。而另一種客觀論則認為價值根源並不在經驗界，而是總成經驗界的根源。就墨家而言，兼愛的價值根源就是總成這一切經驗界的「天」或「天志」。也就是之所以要實踐兼愛的終極理由在於天志之要求，天欲人們兼相愛、交相利。「天欲義，惡不義」，因此，人們根據此一價值根源就應該愛人若己地兼愛天下人。

　　「天」為什麼成為兼愛思想的價值根源呢？〈天志中〉：「且吾所以知天之愛民之厚者有矣，曰以磨（離）為日月星辰，以昭道之，制為四時春秋多夏，以紀綱之，雷（電）降雪霜雨露，以長遂五穀麻絲，使民得而財利之，列為山川谿谷，播賦百事，以臨司民之善否，為王公侯伯，使之賞賢而罰暴，賊金木鳥獸，從事乎五穀麻絲，以為民衣食之財，自古及今，未嘗不有此也。」在墨子的心目中，「天」建立了日月星辰運行的秩序，制定了春夏秋多四季運行的規律，不論自然界的天時地利，不論人文世界的政治制度行政措施，一切都是「天」

14 林火旺，《倫理學》（台北：五南圖書出版公司，1999），頁37。
15 林火旺，《倫理學》（台北：五南圖書出版公司，1999），頁38。

爲愛天下人所作的妥善安排。因此，人應該以感激、報恩的心來面對天。並且，天的意欲就在於要人們相愛、相利。因此，「天」就是墨家「兼愛」思想的價值根源。

　　價值感的產生是主觀、客觀共同合作而成，是二者建立起關係後，在主體的思維情境中呈現價值的「符合」作爲。而此「符合」的最終標準就是「天」；「天」不僅具有普遍、客觀、明確、持久性；並且，祂也是道德上、政治上的根源，如〈天志上〉：「天欲義，惡不義。」又云：「天子者，天下之窮貴也，天下之窮富也，故於富且貴者，當天意而不可不順。順天意者，兼相愛，交相利，必得賞；反天意者，別相惡，交相賊，必得罰。」因此，天不僅是道德、政治上的根源，同時也是一個鑑察天下人的審判者、賞罰者。由於人人欲賞避罰，是故必須遵順天意而行。由此看來，「兼愛」似乎是爲了避免「天」的懲罰或爲得到「天」的獎賞才思行「兼愛」；然而從整體墨學看來，這固然是重要的因素之一；但是，人基於對於「天」之愛的感激、酬恩的一種回報，以及肯定「兼相愛」才能「交相利」的這種認知與抉擇，也是推動實踐「兼愛」的重要因素。如〈大取〉：「愛人不外己，己在所愛之中。」又如〈天志中〉：「今夫天兼天下而愛之，撒遂萬物以利之，則可謂厚矣，然獨無報乎天，而不知其爲不仁不祥也，此吾所謂君子明細而不明大也。」[16]由是可見人之取「兼愛」並非只是畏天之罰、欲天之賞，還包含著人對天之愛的感恩之心。

---

16 「厚」原作「否」，見李漁叔註譯，《墨子今註今譯》（台北：商務印書館，1988），頁201。

「兼愛」以「天」為價值根源，「慈悲」又以怎樣的預設為根據呢？要談「慈悲」的預設，也要從佛教的價值標準來看。前面已說明所謂「價值」，是標示著主客體關係的範疇，從一般意義來說，價值是客體事物對主體存在和發展的意義，這意義當然必須要由主體在其思維情境中的肯認確定。凡是主體認為對其存在、發展和本質實現具有正面意義的事物和行為，就具有積極的價值；否則，乃具有負面的、消極的價值。在佛家看來，世俗的一切都不具有恆常的價值，世人所追求的喜樂安逸，其實都是虛幻不實，現實的人生只有煩惱，根本不存在真正的安樂。而真正的幸福在於徹底解脫人生的苦難，斷除人生煩惱和痛苦的根源，使之不復起。要達到這樣的目標就必須根據佛教的指引，把握宇宙與人生的真實，領會佛教的真理，按照一定的修持方法，破除無明，斷絕產生煩惱和痛苦的一切原因，阻斷因果輪迴，超越生死，進入永恆極樂的涅槃境界。當然，其中，什麼才是宇宙、人生的真實，這就成為「慈悲」的預設了。

　　宇宙的真實簡單用一個概念來說就是「空」，人生的真實簡言之即為「苦」。由於宇宙萬有皆是因緣和合而成，並非獨立實有，一切事物皆無客觀實在性，因而是「空」。有關「空」的思想大致可分為三種觀點：人我空、法我空、外境空。[17]「人我空」是指萬有皆無自性，「我」是指實體、主宰性，而「人我空」就是對這種實體性的否定，不承認事物存在的真實

17 張懷承，《無我與涅槃──佛家倫理道德精粹》（長沙：湖南大學出版社，1999），頁89-91。

性，不僅人無我，而且整個宇宙都只有元素的流轉不息，人們
面對的大千世界，只有元素、因素、條件不斷的流轉、聚合、
離散，所謂的事物不過是元素的功能和作用的顯現，這是流行
於原始佛教和部派佛教時期的看法。其次，大乘中觀學派認爲
「人我空」的說法，對世界否定還不夠徹底，故提出「法我空」
（又稱法空）的理論，主張一切存在都無自性、不眞實，事物
如此，構成事物的諸種元素也是如此。所以認爲：只有獨立自
主的、無因素、無條件、不可分解的存在才是眞實的。構成事
物的元素既然相互依止，在因緣中流轉，也是無常無我的非眞
實存在，而由此不眞實的元素構成的事物當然也就更加不眞
實。所以，人們面臨的一切宇宙萬有皆虛幻不實，都是空。再
者，大乘瑜珈學派不同意中觀學派徹底否定一切的觀點，提出
「外境空」，認爲外部世界的萬有雖空，但是關於外境的觀念卻
是眞實的。如果連觀念都一併否定，那麼佛教的義理、眞諦都
將失去其存在價值。因此，外境所呈現的一切都只是觀念的產
物，或稱爲觀念的變現。

　　不論人我空、法我空、境外空所主張的如何，畢竟皆否定
了萬物實存的自性，《中論·觀行品》：「問曰：云何知一切
諸行皆是空？答曰：一切諸行虛妄相，故空；諸行生滅不住，
無自性，故空。」在此「空觀」下行「慈悲」還有何意義呢？
東晉僧肇在其所著《不眞空論》中指出：「然則非有非無者，
信眞諦之談也。故《道行》云：『心亦不有亦不無。』《中觀》
云：『物從因緣故不有，緣起故不無。』尋理即其然矣。所以
然者，夫有若眞有，有自常有，豈待緣而後有哉？譬彼眞無，

無自常無，豈待緣而後無也。」僧肇指出事物有其產生的原因和存在所依賴的條件，不是絕對獨立的自有，自有即不待因緣而有，應為常有，常有故不滅。但任何事物都不可能長久不滅，而只是因緣條件的複合，因此事物之有不可說是真有，因為不真，所以是「空」。另一方面，事物也不能說是無，若是絕對的無，就應該什麼都沒有，但萬物卻由因緣而起，因緣而滅，所以不是真無。如此，「空」只是斷定萬有的不真實，而不是判定萬有之不存在。是故「慈悲」之行仍有它實踐的場域與對象了。

　　再論人生的真實何以是「苦」？釋迦牟尼所提出的「四諦」第一諦即是「苦」，人生所以苦，「乃因生命永有所需求；每一需求構成一壓力，即成為生命中之苦。生命中之苦既由需求而來，而需求又是生命本身所必有，故生命之中苦為不可避免者。」[18] 由於宇宙萬有處於不斷流變之中，無常無我，人也不能主宰自己或萬物，卻經常力求一些根本不存在的常住之物，其結果就使其生活只有痛苦，徒增煩惱。此外，人生歷程中的生、老、病、死、怨憎會、愛別離、求不得、五蘊盛苦等等，都使有情的眾生陷在汪洋苦海之中。這些苦究竟如何形成的呢？我們可由「集」諦來了解。集，就是集合、聚集，指一切存在都是由各種條件「集合」而成，當然，人生的痛苦也是由「集」而成。至於「滅」則是指人生苦難的寂滅與解脫。滅諦是佛家所揭示的人生最高理想，它用「涅槃」表達此一理想

18 勞思光，《中國哲學史》第二卷（香港：中文大學崇基學院，1980），頁192。

境界。「涅槃是梵文 Nirvāna 的音譯,又作『泥洹』,其意譯為滅或滅寂,唐代玄奘以後,又譯為圓寂。所謂圓寂,指功德圓滿、寂靜不壞,其實質都是指人生苦難的最終解脫。」[19]解脫的過程,涉及修持的問題,就四諦言,即屬「道」諦。「滅」諦只涉及目的之定立,而「道」諦之「道」則是指達成目標的道路、途徑或方法,意即引導眾生滅寂痛苦,求得涅槃的正道。

由於佛教認為人生真實為苦,因此如何努力離苦,也就成為慈悲內涵所欲解決的根本問題。而在修行的方式中慈悲也是非常高的境界。如《大智度論》卷二十七中說:「慈悲是佛道之根本。」藉著慈悲拔苦予樂,慈愛眾生,使眾生能夠得到徹底的解脫。因此,慈悲是在「空」、「苦」等宇宙、人生論的預設下而臻定其內涵與意義。

三、兼愛的倫理原則與慈悲的層次

在《墨子》一書中有十四處提到:「天下仁人之事者,必務求興天下之利,除天下之害。」包括〈兼愛〉、〈非攻〉、〈節葬〉、〈天志〉、〈明鬼〉、〈非樂〉、〈非命〉、〈非儒〉等篇,其中或以「天下仁人」、「天下士君子」或以「天下之王公大人士君子」為其訴求之對象,由此可見,「興天下之利,除天下之害」是兼愛思想的一大原則。這也是兼愛之「兼」義

---

19 張懷承,《無我與涅槃——佛家倫理道德精粹》(長沙:湖南大學出版社,1999),頁 78。

的強調，所愛的對象範圍乃「天下人」。〈小取〉：「愛人，待周愛人，而後爲愛人。不愛人，不待周不愛人。不周愛，因爲不愛人矣。」可見愛人，就是要普遍地愛所有的人，否則，便不是愛人。〈大取〉也說：「愛眾世與愛寡世相若，愛尙世與愛後世，一若今之世人也。」此認爲愛人不受空間大小、時間先後的限制，要周愛人、盡愛人，如此爲天下興利除害，可謂全人類之愛了。

　　在墨家此一倫理原則下，獲、臧一類的奴隸也在被愛之列，認爲他們同樣是人，與平民乃至貴族、公卿一樣，具有成爲人的價值與人格，因此，〈小取〉：「獲，人也。愛獲，愛人也。臧，人也。愛臧，愛人也。」但是在興利的另一面除害也是很重要的，因此雖然要盡愛、周愛所有的人，但若某些侵奪傷害人的強盜則不能也成爲愛的對象，因爲若愛這些強盜就等於不愛其他人了，是故從興「天下」之利，除「天下」之害的整體考量，在〈小取〉中也出現了這樣的主張：「愛盜，非愛人也，不愛盜非不愛人也，殺盜非殺人也。」

　　此外，前一章已指出墨家的價值判準中包含：生、愛、仁、義、忠、孝、信、利等價值規範的原則。爲實現兼愛的理想，這些原則都有其重要性。現特就「義」而論，〈貴義〉說：「子墨子言：萬事莫貴於義。」《墨子》書中計出現一百一十次的「義」，可見「義」在墨家思想中的重要性。「義」有什麼內涵呢？〈天志下〉：「義者，正也。」「義」不僅是在上位爲政用人的標準，如〈尙賢上〉：「是故古者聖王之爲政也，言曰：不義不富，不義不貴，不義不親，不義不近。」

同時「義」也是個人與他人關係的道德標準。如〈經上〉：「義，利也。」此利乃天下人之公利，施於個人可令人「所得而喜者」（〈經上〉）。因此，利人之舉爲「義」；反之，損人利己則爲不義。如〈非攻上〉有一例：「今有一人，入人園圃，竊其桃李，眾聞則非之，上爲政者得則罰之，此何也？以虧人自利也。至攘人犬、豕、雞、豚者，其不義又甚入人園圃竊桃李。……當此，天下之君子，皆知而非之，謂之不義。」

墨家強調「利人」，人人應從自身之所有、所能出發去幫助別人，如〈尚賢下〉：「有力者疾以助人，有財者勉以分人，有道者勸以教人。」如此努力行義，不僅在自己所有的物質上幫助別人，墨家也特別重視精神教化上的助人、教人。不但希望人們努力行義，還應宣揚「義」的觀念，使更多的人都能以「義」爲行事準則，以處理人際間的各種互動情況。

再者，除了愛天下人、愛他人之外，人是否也當愛自己呢？其實墨子兼愛的方法就是「愛人若己」。[20]在〈兼愛上〉墨子說：「愛人若愛其身。」〈兼愛中〉墨子提出：「視人之國、家、身……若視其國、家、身。」〈兼愛下〉則說：「爲彼猶爲己也。」由此可見，自己當然也是所愛的對象，如：〈大取〉：「愛人不外己，己在所愛中。」並且，愛他人就是以愛自己來作爲一參照標準，將心比心地去感受別人的需要，關懷別人，爲他們設想，這些都是要以對自己的愛爲參照，你是如何對待自己、愛自己；也就應該如何地去對待別人、愛別

20 王讚源，《墨子》（台北：東大圖書公司，1996），頁194。

人。只是「兼愛」的精神在於不論是對自己的愛或是對他人的愛，這都必須在對全天下人整體之愛的原則下，來臻定其合宜性、正當性。因此，人的自利之心墨子雖不反對，但卻只承認在利天下人基礎上之「利己」的合理性。他也提倡透過「利人」而使自己也能得利，而且還根據〈兼愛下〉「投我以桃，報之以李」的原則，及「必吾先從事乎愛利人之親，然後人報我以愛利吾親也」來說明只有先主動的利人，才能利己。

　　在個人與社會的關係上，墨家顯然表現出了一種大公無私的精神，認為只要是有利於眾人、有利於天下的事，人們就應該有自我犧牲的精神。這種原則也就是「犧牲自我以利天下」的原則。像曾激烈抨擊墨家的孟子曾說：「墨子兼愛，摩頂放踵為之。」（《孟子・盡心上》）此外，《莊子・天下》在對墨子的批判性評論中也讚嘆：「墨子真天下之好也，將求之不得也，雖枯槁不舍也，才士也夫！」由此可見，個人之自愛自利當然應予肯定，但是在與天下大利相較之下，則有價值上的高下與必須的取捨了。

　　在「慈悲」方面，依慈悲關切的內容與行慈悲之心者的境界，佛教倫理將慈悲劃分為三個層次，《大般涅槃經》：「慈有三緣，一緣眾生，二緣於法，三則無緣。」依此，第一層次乃眾生緣慈悲，又稱生緣慈悲或有情緣慈悲。這種慈悲可說是基於「人之常情」而起的慈悲，著重一般身心苦樂的解脫以及父母、妻子、親屬等人倫關係。[21] 對於慈悲的對象愛憐惻

---

21 郭朝順，〈大乘慈悲觀念與孟子惻隱之心之比較〉（華梵大學第三次儒佛會通學術研討會論文，1994年4月），頁3。

隱，予樂拔苦，它屬於凡夫的慈悲，三乘（聲聞、緣覺、菩薩）初發的慈悲也屬於這一層面，故可稱之爲小慈悲。[22] 第二層次爲法緣慈悲，《大般涅槃經》：「法緣者，緣於衆生所須之物而施與之，是名法緣。……法緣者不見父母、妻子、親屬，見一切法皆從緣生，是名法緣。」法緣慈悲，指覺悟到諸法無我，物我皆空，而以平等之衆生爲對象，不見親疏的差別；由於憐憫衆生不知諸法空寂，自墮苦海而生的慈悲。這種慈悲是菩薩的慈悲，又稱之爲中慈悲。第三個層次是無緣慈悲，指徹底覺悟了諸法眞實義諦，遠離分別見解，不起分別心而生的平等絕對的慈悲，它是諸佛獨具的慈悲，故又稱爲大慈大悲。《觀無量壽經》云：「佛心者大慈悲，是以無緣攝諸衆生。」前面提過，日常生活所經驗到的「慈悲」其深化作爲各修習禪定業處的「四無量心」，如要能如實修習這四無量心，就必須以衆生與法爲緣；雖緣於衆生與法爲修，然依無上正等正覺如實觀照一切法與衆生，最高的境界實無一法或一衆生可定著，故曰「無緣」。此種無緣慈悲，「當隨一切衆生之機感而自在應化，既爲自在應化，實是化無化相，亦不可謂定有衆生可度，亦不可謂定有菩薩施救度之事，如此才能成就眞正的大慈、大悲、大喜、大捨四無量心。換言之，眞正的慈、悲、喜、捨不依對象而生，是發自本心自覺的，可說是一種自律的

---

22 張懷承，《無我與涅槃——佛家倫理道德精粹》（長沙：湖南大學出版社，1999），頁286。

倫理規範。」²³

聖嚴法師說：「慈悲的行為，不是沒有原則的施予，也不是不問理由的溺愛，真的慈悲，必須通過智慧的判斷，以純客觀的立場，給予不多不少、不偏不倚的照顧。」又說：「乃是以適時、適地、適分、適量的幫助，恰到好處的關懷，使得人人獲得利益。」他對「慈悲」三種層次之說明，也可以使我們更了解前述眾生緣、法緣、無緣慈悲的意涵：

(1)有特定的對象，全力給予，即時救濟。

(2)沒有特定的對象，僅有救濟眾生的悲願，全力以赴。

(3)沒有救濟的對象，也不是為了想要救濟的悲願，只是隨順眾生的需要需求，隨緣救濟眾生；縱然度盡眾生皆出苦海，也是眾生的自救自度，不會以為自己對於眾生做了什麼救濟的工作。²⁴

兼愛的倫理原則在貴義與興天下之利，從愛人若己至犧牲自我以利天下。相對於上述慈悲的三個層次來看，墨家的「兼愛」在心志、理想上相當於法緣慈悲，以平等眾生為關愛對象；在實踐方面則「兼愛」也含融眾生緣慈悲，為化解眾生在身心上的痛苦而努力。但若從範圍及境界上看，則「兼愛」不及無緣慈悲。

---

23 瞿本瑞、尤惠貞，〈基督教「愛觀」與佛教「慈悲觀」的比較——宗教社會關懷的倫理基礎〉，《普門學報》，3 期，2001 年 3 月，頁 50。

24 聖嚴法師，〈慈悲——心靈環保的最高原則〉（環保修行：http://www.a-mita.com.tw/libe/index-6/heart3.htm）。

四、兼愛、慈悲的思維情境與實踐

　　基本上，人所認識的世界是他個人經驗到的世界，及其思想信念所建構的思維情境。所謂「思維情境」是指人在判斷如何運用道德原則時，心念所繫的範圍與其內的事物，此範圍與其中的事物，構成一具體實踐行為的思維背景，是道德思維的場域，並作為道德實踐的根據。就「兼愛」的思維情境觀之，〈大取〉：「於所體之中，而權輕重之謂權。」所謂的「權」即衡量事態利害的標準，是一種在動態中的校準活動，而此一校準活動則與行為者的「所體」有關。〈經說上〉：「不外於兼，體同也。」因此，「所體」乃是就其為某一整體的一部分來考察其狀況。〈大取〉中就舉了「斷指以存腕」以及「遇盜人斷指以免身」兩個例子來說明墨家是如何來權衡利害的。就人的身體視為一整體來看，手腕的重要性當然大於幾根手指的重要性，因為倘若手腕不保了，那麼沒有一根手指可以存留。又再以人的生命與人的手指來比較，當生命不保時，手指也不可能存留。因此相對於整體而言，某一部分與它的關係，其輕重利害立可知曉，也足以指導實際的實踐行為。當然，在面對不可避免的利害關頭所做的抉擇，即使取害也不能算害，那是不得已的，如〈大取〉：「利之中取大，害之中取小也。害之中取小也，非取害也，取利也。」一般而言當然是利取大、害取小，但是在特殊情況，不取小害則必有大害的情況下，則必須取小害以避免大害，而小害相對於大害而言，就是「利」而

非「害」了。

　　然而，所謂的利、害必須在確定了整體爲何才能有所定論，而這「整體」也就是墨家「兼愛」思想的思維情境，這思維情境簡單地說，就是以「天志」爲念、以天下人爲念、以古今中外乃至於未來的整體人類爲念。在墨家而言，天志是最高的法儀，是有意志性的道德神明，同時也是政治上的最高統治者，「天」愛利天下萬民，也要人行義，彼此兼相愛、交相利，因此，天意就成爲墨家追隨者必須體念的重要根據；然而，天意往往是在天下人的是否得利上呈現，而此天下人不僅指的是當代的天下人，也包含著過去及未來的天下人；因此，基於以「天下人」爲念的思維情境，在〈大取〉中「愛」可分爲倫列之愛、平等之愛、志功爲辯之愛以及犧牲之愛。

　　價值的把握與其思維情境有關，一行爲者的思維情境若僅著眼於血緣上的親屬關係爲範圍，則其價值原則即取倫列之愛；若放眼於全人類爲範圍，則其價值原則即取平等之愛。若從實踐的現實情況著眼，即取依志求功、以功逐志之愛爲其原則；再由實踐時人己之利害關係著眼，即取犧牲之愛爲原則。兼愛以天下人爲思維情境，因此普遍而平等之愛，高於有等差親疏之別的倫列之愛；而在實踐上，犧牲之愛又高於一己之愛。

　　在佛家而言，宇宙的眞實爲空，人生的眞實爲苦，然而現實的宇宙人生乃非有、非無；佛家慈悲的思維情境也有「等一物我」的平等思想，只是這種思維情境的範圍與其中的內涵較之墨家的「天下人」之人類全體的範圍更大，內容更豐富，就

兼愛的範圍而言，在墨家僅及於「人」，包含三世的人，但佛家慈悲不但包含三世的人及在六道輪迴中的生命，且連現世有生命的動物也包含在內；墨家平等的兼愛思想是來自於天志，因為「天」長養萬物、管理人類，也普愛世人；因此，在相對於同為「天」所愛的「生，刑（形）與知處」（〈經上〉）的有生命之「人」而言，不論其社會地位的高低、貴賤皆為平等，皆必須平等地兼愛之，而不該有所差別。在佛教方面形成「等一物我」的思維情境則是基於宇宙諸法、一切存在，於共性或空性上的無差別，一切共性及其差別只不過是無明而起之幻相，不具有真實的意義。

此外，在中國佛教，認為眾生（一切含識生命）皆有佛性，都具有成佛的可能性，在這一點上，人並不高於其他動物。由於「諸行皆苦」，一切眾生在成佛之前，其生命都在痛苦之中，在六道中輪迴，同樣值得憐憫。因此「慈悲」思想所要拯救的對象不僅是人類，也包括了其他的動物，因為在佛教慈悲的法眼之中，人與各種動物都是平等無二，值得關懷、拔苦予樂的對象。唐僧玄覺說：「慈悲撫育，不傷物命，水路空行一切含識，命無大小，等心愛護；蠢動蛸飛，無令毀損，危難之流，殷勤撥濟，方便救度，皆令解脫。」（《禪宗永嘉集》）由於在佛教輪迴的觀念下，人與畜牲或其他動物只是存在形態上的不同，而無本質上的差異，也因此不能僅以「人」的存在形態為救拔的對象，因為此世為人，他世可能為畜牲，此世之畜牲亦有可能於他世為人，因此在「等一物我」的思維情境下，對於任何生命都當予以尊重，而佛教中的「不殺生」即重

要戒律之一。在實踐上，慈悲須做到：

(1)不殺生：對於生命的尊重，不僅是尊重它們生存的權利，不以任何形式危害它們的生存，更應積極的保護它們的生存。

(2)全其生：應適宜地提供各種生命在物質與精神上的需要，及使它們得以生存的相關條件，以使有生命的眾生得以順利的存活發展。

(3)完滿生命：最終的目標乃在於使各生命能達致其生命的完滿，而此完滿即為解脫，使之解脫輪迴之苦。

相對於墨家兼愛而言，兼愛之實踐只能及於人類之全其生的層次罷了。然而，從墨家「志功為辯」的觀點來看，慈悲的理想境界雖然極為高超，但在其思維情境下的實踐是否可能而無困難呢？

首先，等一物我的「物」既超越人類的界線，而及於動物，不得殺生，但對於同樣具有生命的植物，是否也該尊重呢？有時殺植物之生有礙動物之生，如燒草原以建屋、損森林以闢地。但若普遍不殺植物之生，亦有礙動物之生，因動物與人將無食物以生。倘殺植物之生以全動物之生是允許的，那麼殺動物之生以全人之生又為何不可？再就動物範圍內的水鹿、羚羊來看，對牠們慈悲，為全其生而不讓牠們死於獅、虎、豹之爪牙下！如此豈不無法對獅、虎、豹慈悲？而使牠們無法全其生？再就人類的範圍而言，倘若對無惡不作的壞人慈悲，豈不虧待一般善良的人？因此墨家〈小取〉有言：「殺盜，非殺

人也。」是故，眾生的平等是生命價值的平等，而不是現實存在的平等。也因此不論兼愛或慈悲落在實際的行為實踐中，都需要有所「權」，也就是〈大取〉所說的：「權非為是也，非為非也。權，正也。」

五、小結

　　兼愛與慈悲都是人類高貴的情操，雖然墨家與佛家的宇宙觀、人生觀及思維情境皆不相同，但在關懷人類乃至眾生福樂的基本立場是一致的。

　　墨家的視野顯然不及佛家的遠闊，墨家肯定這生活世界是真實的，其兼愛目的也在實際地改善天下人的生活，如〈非樂〉：「民有三患：饑者不得食、寒者不得衣、勞者不得息。」兼愛為使人民衣食無缺，社會恢復秩序，人際關係和諧，各盡本分；使「大不欺小，強不劫弱，眾不暴寡，詐不謀愚，貴不傲賤」，以達到人人平等。因此，在理論內涵上，墨家「兼愛」是超越時空的整體人類之愛，追求實際的利益、公利，藉著人際間的互動性與個人的主動性來完成的互利之愛。

　　佛家對於「愛」的內涵有更精細的分析，對於不同層面的愛多持否定的看法，因「愛」乃源於一種執著，妄執我有的自愛而發，因而渴愛愈深則苦惱愈盛。也因此「慈悲」並不是佛家思想中「愛」的代名詞。「其慈悲的精神實質不是肯定物我的重要性，而是在空寂的意義上取消物我的差別，以平等的觀念來對待一切，無厚、無薄、無愛、無憎，最後實現物我的共

同超越。因此，慈悲並非對於任何現實存在的依戀或執著，並非對現象的關懷，而是對超越的追求。」[25]如果墨家的「兼愛」思想詢問如何使天下人生活過得好？那麼佛家的「慈悲」思想則進一步思考：生活好了又如何？什麼才是真正的「好」、永恆的「好」？

「兼愛」思想以「天」作為價值的根源，它肯定了一個超越的、絕對的存在，人必須與這超越的存在有依順的關係，才能實現他生命的價值。「天」是最高的法儀，具有普遍性、客觀性、明確性與持久性，並且祂也是人類道德與政治上的根源。在墨家的理解中，「天」與萬物的關係就是愛，也因著「愛」，祂是鑑察天下人的審判者與賞罰者，祂代表著權威與公義。因此，在天志下，人們必須兼相愛、交相利。

佛家的「慈悲」則認為人藉著自己的佛性即可有正覺，破除虛妄的無明而得以開悟，進而超越；並不需要另外的絕對超越者的力量。「慈悲」的思想預設著宇宙的真實為「空」，人生的真象為「苦」；但「空」只是斷定萬有的不真實，而非不存在。「苦」雖然是人生的真象，但並未排除人生離苦的可能。「慈悲」思想即在此不真實的存在場域中，關懷眾生真正徹底的解脫，拔苦予樂。

「兼愛」思想的倫理原則，是貴義、興天下之利，從愛人若己，乃至於犧牲自我以利天下。這與佛家忘身捨己、普渡眾生的精神頗為接近。在「慈悲」的倫理層次則可分為：眾生緣

25 張懷承，《無我與涅槃——佛家倫理道德精粹》（長沙：湖南大學出版社，1999），頁295。

慈悲、法緣慈悲及無緣慈悲。墨家的「兼愛」，在心志上相當於法緣慈悲，以平等眾生之人類爲所愛的對象，在實踐上含融眾生緣慈悲，而在對象範圍的廣度與境界上無法契及無緣慈悲，因爲基本的宇宙觀、人生觀不同。由此觀之，墨家兼愛思想在理論的發展上，人與超越者「天」的關係及互動是有必要再深化的部分。

最後，「兼愛」思想的思維情境常以「天下人」爲念，其愛的等級可分爲：倫列之愛、平等之愛、志功爲辯之愛，及犧牲之愛。在實踐上兼愛雖受制於客觀因素而有厚薄，但其差別在外，內實平等。佛家「慈悲」思想也有平等的「等一物我」之思維情境，但其關懷對象的範圍更廣及含識之類的動物。在實踐方面，不殺生、全其生及生命的完滿解脫是慈悲實踐的漸次歷程。

不論兼愛或慈悲，在具體實踐上都需要有智慧來權衡利害輕重，才能做到最合宜的關懷。而墨家、佛家與其他各家各派的相關思想也不應僅止於理論上的對比，而更重要的是實踐上的合作融通。

第三節　墨家兼愛與儒家人文思想的整合

一、墨家「兼愛」思想之意涵與特質

「整合」意謂著整合兩端的一種同異關係。惟其相異，故「整合」之義才得以成立；若完全如一，則無須整合。然異中又必須有所相同，而使「整合」得成為可能，不然，整合的共通基礎無法建立。

「整合」之前，必對整合之兩端予以定位，確立欲整合的對象。「整合」之中必循一理路推導，取同存異，以呈現可「合」之新面貌；整合之後則應提出其之所以「合」的意義，進而凸顯兩種理論整合的價值所在。

基於上述的認知，本節首先綜合前述墨家兼愛思想的意涵與特質，其次說明儒家人文思想的內容與特質，再者比較兩者特質之異同。最後，說明墨家「兼愛」與儒家人文思想如何整合，進而指出此一整合的意義與價值。

《淮南子·要略訓》說：「墨子學儒者之業，受孔子之術，以其為禮煩擾而不說，厚葬靡財而貧民，久服喪生而害事，故背周道而用夏政。」依此，墨家思想與儒家思想有一定的淵源，只是發展不同。唐代韓愈說：「孔子必用墨子，墨子必用孔子，不相用不足為孔墨。」（《韓昌黎集·讀墨子》）墨

家對儒家採取有保留的批評態度，不過在《墨子‧公孟》中，子墨子與程子辯，稱於孔子。程子曰：「非儒，何故稱於孔子也？」子墨子曰：「是亦當而不可易者也。今鳥聞熱旱之憂則高，魚聞熱旱之憂則下，當此雖禹、湯為之謀，必不能易矣。鳥魚可謂愚矣，禹、湯猶云因焉。今翟曾無稱於孔子乎？」由此可見墨子肯定孔學中有「當而不可易」的真理的成分。同時，他也提出了一套有獨自特點的學說，而這套系統學說的核心觀念即「兼愛」。

「兼愛」是墨家思想的核心，也是墨家最有其學派特色的思想。綜合前面所述，墨子「兼愛」思想有以下幾點特質：

(1)兼愛是超越時空限制的人類全體之愛。

(2)兼愛是不論關係親疏遠近、社會地位高低的平等之愛。

(3)兼愛的最終根據在於「天志」，其積極面在得天之賞，消極面在畏天之罰。

(4)兼愛的動機在於平亂，其目的在於興天下之利，除天下之害。

(5)兼愛的方法在於「視人若己，愛人如己」，其前提已肯定自愛。

以上「兼愛」的特色又可分為理念層次與實踐層次；理念層次的兼愛有：普遍性、平等性，以天志為其理論的基礎。在實踐層次中的兼愛有：主動性、交互性與具體對象的差別性。其中主動性的「先愛」與交互性如何可能？則是其理論中有待

解決的問題。

二、儒家人文思想的內容與特質

「人文」一辭，最早見於《周易・賁卦象辭》：「觀乎天文以察時變，觀乎人文以化成天下。」程傳云：「天文，天之理也；人文，人之道也。天文謂日月星辰之錯列、寒暑陰陽之代變，觀其運行，以察四時之遷改也。人文，人理之倫序，觀人文以教化天下，天下成其禮俗，乃聖人用賁之道也。」可見「人文」是相對於「天文」而有之概念，天有天的規律，人有人的理則，人的理則是人際間的倫理關係，透過教化以為天下百姓之生活規範。韋政通說：「所謂人文化成，就是要憑藉人的能力，所製作的一套文化設計（主要包括禮、樂、倫制）以教化世人，使其能達文化所要求的目標，這個觀念頗能傳達儒家所理想的文化基本精神，和它的功能。」[26]唐君毅指出：「真正對於中國傳統之人文中心的文化精神，加以自覺了解而抒發其意義與價值者，乃孔子所開啓之先秦儒家思想。」[27]儒家人文思想十分豐富，究其重點，主要在探討：人應如何立身處世，以成就一道德人格之發展，進而實現其道德理想？

如此，儒家對於「人」、「世」的看法，對於「道德人格」、「道德理想」的主張，以及如何發展以實現道德理想？

---

26 韋政通，《中國哲學辭典》（台北：水牛書局，1986），頁13。
27 唐君毅，《中國人文精神之發展》（台北：學生書局，1974年再版），頁24。

等問題的探索，即構成儒家人文思想之內容。

首先，人在宇宙中並非孤立的存在者，從《中庸》看，有所謂「人之性」、「物之性」，及「贊天地之化育」，可見人是生存在天地之間、生活在人與人之間的存有者。儒家對人的看法有：(1)就人與萬物相比，人為萬物之靈。如《尚書‧泰誓》：「惟人萬物之靈。」周敦頤〈太極圖說〉：「惟人也得其秀而最靈。」王船山〈正蒙注卷九〉：「萬物莫不含神而具性，人得其秀而最靈者爾。」(2)人與天地相比，人以天地為萬物之大本，但人卻可以與天地合德。如《孟子‧盡心上》：「夫君子所過者化，所存者神，上下與天地同流。」《周易‧文言傳》：「夫大人者，與天地合其德。」此外，天地之意義與價值亦有賴人的彰顯。如《禮記‧禮運》：「人者，天地之心也。」(3)就人與人的關係而言，在於「仁」，《說文》：「仁，親也，從人二。」表示人與人之間的基本原則是「親愛」，《禮記‧冠義》：「凡人之所以為人者，禮義也。」應然而正當的關係則為人之所以立的根本。《荀子‧大略》：「君子處仁以義，然後仁也；行義以禮，然後義也。」因此，在儒家看來，人與人相處應有求正當的意識，而此一自覺的基礎即「仁」。「仁」是禮義的基礎，也是「愛人」（《論語‧顏淵》），進一步考察這種愛的根本，則在於孝，所謂「孝悌也者，其為仁之本歟」（《論語‧學而》），也就是以血緣親情為愛的根本，孟子也說：「親親而仁民，仁民而愛物。」（〈盡心上〉）因此，「仁」就是人與人之間應然關係的根本德性，而以親親之愛為根本。

其次，儒家對於人所處之「世」，又有何體認？《論語‧
八佾》有云：「周監二代，郁郁乎文哉！吾從周。」孔子生處
於春秋末期，爲周文沒落的時代，禮壞樂崩，社會秩序紊亂；
當時許多思想家都企圖平治動亂的變局。孔子的思想基本在維
護周代以血緣、家族爲基礎的階級制度，他反對僭越，主張正
名。他有很強的嫡庶親疏觀念及禮樂教化思想，以維護社會秩
序。《孟子‧滕文公》中也提到：「世衰道微，邪說暴行有
作，臣弒其君者有之，子弒其父者有之，孔子懼，作春秋。」
至戰國時期，乃一思想混亂的局面，《荀子‧非十二子》有：
「假今之世，飾邪說，文姦言，以梟亂天下，矞宇嵬瑣，使天
下混然不知是非治亂之所存者有人矣。」可見原始儒家所處之
世，乃一混亂失序、邪說並起之世代。因此，就其提出學說的
動機而言，一是在平亂，一是撥亂反正。邪正之分野，自有其
衡量的標準，而此一價值標準就正是「人文思想」，唐君毅
說：「人文思想，即指對於人性、人倫、人道、人格、人之文
化及其歷史之存在與價值，願意全幅加以肯定尊重，不有意加
以忽略，更絕不加以抹殺曲解，以免人同於人之外、人以下之
自然物等的思想。」[28] 既然，以人文思想爲正，那麼人所處
之情境，就思想類型觀之，必然不只「人文思想」而已。那麼
儒家人文思想的創發，其環境因素爲何？唐君毅說：「人文思
想之興盛，恆由超人文、非人文、次人文的思想先行，亦恆由

28 唐君毅，《中國人文精神之發展》（台北：學生書局，1974年再
　　版），頁18。

反人文思想之先行。」[29] 依此，儒家所體認的立身處境乃：立於天地之中、人際亂象之間，而有待彰顯人文思想之境。

儒家人文思想的核心，涉及儒者對於道德人格之主張，而其對道德人格的基本見解在於「性善論」，有關人性論的思想，在儒家內部本身就有許多不同的說法，如：孔子的「性相近也」（《論語‧陽貨》）、孟子的「性善論」（《孟子‧公孫丑》）、荀子的「性惡論」（《荀子‧性惡》），以至揚雄的「人之性也，善惡混」（〈修身卷第三〉）、韓愈的「性之品有三」（〈原性〉），至李翱的「性無不善」（〈復性書〉），再至理學家程朱之「天地之性」、「天命之性」、陸王之「心即理」、「致良知」等等；歸結言之，仍以孟子之「性善論」爲主流。特別就人文精神的觀點審視，「只有性善論才給人人皆可成爲聖賢，提供了理論根據，因爲它是以尊重人和人的人格爲號召的，在各個階層中都具有吸引力。」[30]

人性的內涵，孟子是以「心善」說明「性善」，他舉孺子將入於井之例，指出人皆有不忍人之心，進而指出惻隱、羞惡、辭讓、是非等仁、義、禮、智四端，乃人之所本有《孟子‧公孫丑》。之後自孟子、韓愈、程朱、陸王等之心性論，

---

29 唐先生所謂「超人文」是指對人以上的、一般經驗理解所不及的超越存在，如天道、神靈、仙佛、上帝、天使之思想。「非人文」是指其理解之對象爲人以外的自然世界，如自然科學、數學中所包括的思想。「次人文」是指對人之文化與其歷史之存在與價值未能全幅肯定者，如墨子思想。「反人文」的思想則抹煞曲解一切屬人之存在與價值，如法家思想。同註28，頁17、18。

30 張豈之主編，《中國思想史》下冊（台北：水牛出版社，1992），頁551。

皆以仁、義、禮、智或及信為人性的內涵。如陸象山云：「四端者，人之本心也，天之所以與我者，即此心也。」（《陸象山全集十一》）王陽明說：「心即理也，此心無私欲之蔽，即是天理，不須外面添一分。」（《傳習錄》）由於「心」內本自有「天理」，故陽明有致良知之說。由上述可知，儒家對於道德人格，是持正面與肯定的看法，人性中的仁、義、禮、智，包含了人面對自己、對待別人的應然態度，透過價值自覺的內在判準與德行動力，以構成正當的倫理關係，人乃是一道德主體，人之性善，為其實現價值、完成道德理想之所以可能的基礎。

再就「性」的根源觀之，由於人與萬物皆以天地為大本，故人性的根源也來自天地，如《左傳》：「劉康公曰：民受天地之中以生。」《詩經・大雅》：「天生烝民，有物有則，民之秉彝，好是懿德。」以及《中庸》第一章：「天命之謂性。」皆指出人性的根源與「天」的關係。孟子也說：「盡其心者，知其性也；知其性，則知天矣。存其心，養其性，所以事天也。」（《孟子・盡心上》）

再者，儒家人文思想中的道德理想為何？就人格典型而言，乃是《乾・文言》「與天地合其德，與日月合其明，與四時合其序，與鬼神合其吉凶」的大人、聖人。所謂「誠者，不勉而中，不思而得，從容中道，聖人也。」「誠者，非自成己而已也，所以成物也。成己，仁也，成物，知也；性之德也，合外內之道也，故時措之宜也。」（《中庸》）由此看來，儒家道德理想中，不僅是以「人」為對象，其中還包括著「物」。聖人能將人性中仁、智之德，由內而外充分、適宜地實現於變

化之萬象。正如孔子所謂：「克己復禮爲仁。」(《論語・顏淵》)這是對己之態度；又說：「夫仁者，己欲立而立人，己欲達而達人。」這是對人之態度。孟子說：「有大人者，正己而物正者也。」(《孟子・盡心》)這又包含了對己、對物；也是《大學》所謂「在明明德，在親民」，是由內而外、由己而人的拓展心性之德，而其最終理想即「止於至善」。此至善之境，在《中庸》則由盡其性、盡人之性、盡物之性、以贊天地之化育，而至可以與天地參之境。此一道德理想的實現步驟在《大學》爲：格物、致知、誠意、正心、修身、齊家、治國、平天下。是故，儒家的道德理想是：至善、平天下、參贊天地之化育而與天地合德。

綜合上述，儒家的人文思想之特質是：

(1)人的存在有其尊貴性，在天地之中，在萬物之上，而以人際間的關係，爲其實現價值之主要場域，其核心思想爲「仁」，而以親親之愛爲根本。

(2)儒家所體認之「世」，乃有待彰顯人道之世。

(3)儒家所肯定之道德人格是：以仁、義、禮、智爲人性之內涵，人爲道德主體，可實現其道德理想；人之善性的根源則本於天。

(4)儒家的道德理想，透過實現人本性之善，以成君子、聖人，進而參贊天地之化育，平治天下，終抵至善。

(5)其方法則在格、致、誠、正，存心養性，由內而外，盡己之心，推己及人，仁民愛物以實現其理想。

三、墨家兼愛與儒家人文思想特質之比較

首先，墨家是以關懷社會的實際狀態為其思想起點，為平
天下之亂，興天下之利，故以「兼愛」為核心概念，以建立一
大國不攻小國、大家不篡小家、強不凌弱、眾不暴寡、詐不欺
愚的理想社會。儒家則是從恢復人文秩序入手，為成就人之所
以存在之價值，參贊天地之化育，故以仁、義、理、智，尤其
是「仁」為其中心概念，以達格物、致知、誠意、正心、修
身、齊家、治國、平天下，進而以臻於至善為終極目標。

次就「兼愛」與「仁」的比較；「兼愛」在對象及範圍
上，承認人的社會確實存在等差的不同，而直接以超越時空的
觀點把握普遍、平等的全人類之愛。「兼愛」同時也是墨家
〈尚同〉、〈非攻〉、〈節用〉、〈節葬〉、〈非樂〉等各篇的中
心範疇，它是以愛為始，亦以愛為終，仁義道德只是愛的一種
表現。在儒家，「仁」與「愛」的關係，並不像墨家將「愛」
置於核心地位，儒家的「愛」只是從屬於「仁」並作為「仁」
的一種解釋而已。「仁」是以親情之愛為根據，而此一思想與
儒家創始者孔子之欲恢復周文、以血緣宗法關係定位人際互動
有關，故由父子兄弟之情推展為君臣之義，由親親而尊尊，此
倫常關係被視為天經地義、不可侵犯。因此，「仁」的表現形
態是：愛而有別、愛有等差。不過，在儒家後來的發展中，
「仁」的對象除了人之外，更擴及萬物，如張載所謂：「民吾
同胞，物吾與也。」（《正蒙・乾稱》）墨家「兼愛」在理念上

是要超越血緣關係之上的人類之愛、平等之愛,其實踐上雖然是「施由親始」,但並不因親疏之別而有等差之愛。在墨家,真正的「愛」是「待周愛人而後爲愛人」(《墨子·小取》)。

再就墨、儒兩家思想之外緣環境及其思想立場比較;墨家背周道而用夏政(《淮南子·要略訓》),儒家則是從周文之禮樂教化。墨家理論從長期處於動盪社會中的下層群眾立場思考,〈非樂上〉云:「饑者得食,寒者得衣,勞者得息。」故其思想以滿足廣大的平民生活需要爲念,並反映了下層人民渴望和平與安寧、嚮往人格平等的強烈願望。儒者本爲士人,屬貴族階級,故其雖亦爲民福祉著想,但總不脫離周文宗法制度、社會階級之框架。顏炳罡先生說:「儒家的德治主義是站在統治者的一面爲人民想辦法,而墨家則是站在人民的一面爲統治者想辦法。」[31] 徐復觀也指出:「儒家總是居於統治者的地位來爲被統治者想辦法,總是居於統治者的地位以求解決政治問題。」[32] 然而若無平等的觀念、若不了解人民的實際需要,是難以切實解決人民問題的。當然,儒家思想所欲凸顯之人文精神有其不可否認的價值;而墨家站在人民立場所提出的兼愛、非攻、尚賢、尚同、節葬、節用、非樂等一些具體實際的方案,則是基於普遍、平等之愛的訴求。

第四,就墨家「兼愛」與儒家人文思想的最終根據比較;

---

31 顏炳罡,〈對立、互補、創新——從儒墨學術差異看墨學在中國文化重建中的獨特作用〉,《墨子研究論叢》(三)(濟南:山東人民出版社,1995),頁376。

32 徐復觀,《政治與學術之間》(台北市:中央書局,1957年再版),頁54。

雖然儒、墨的思想根源皆在於「天」，但兩家對此的理解並不相同。在墨家〈天志〉顯示了：「天」是有意志之天，是能賞善罰惡、降福予禍的審判者，是有所欲、有好惡的人格天。並且，墨家的「天」也是一客觀外在的是非標準，如：「子墨子置立天志以爲儀法，若輪人之有規、匠人之有矩也。今輪人以規、匠人以矩，以此知方圓之別矣。」（《墨子・天志下》）此一客觀標準與最高權威，在墨家看來是絕對公正無私的，在天志面前，人人平等，不論王公大人、卿、大夫、士的言行，皆以天志爲法儀。在儒家學說中，「天」有自然之天、主宰之天、義理之天等多重意義。[33] 天的傳統性格，像統治者、造生者、載行者、啓示者和審判者，也都對孔孟思想有相當程度的影響。[34] 傅佩榮說：「儒家的『天』不論被理解爲上帝或自然界，本身即是一個生命的機體，並且是一切存在物的最終本源。人類在盡力滿全自己的本性時，有能力而且被要求使自己達到完美的境界。」[35] 天，在儒家是一具有多重意蘊的形上範疇，較之墨家「天志」有更深廣之內涵，它是生命意義的超越根據，和人生價值的終極根源，人性本之於天，而儒家使天之義理性格內化於人之心性，並定睛於人之心性才有實現價值之可能，人與天的關係雖有價值上的聯繫，但能實現價值的

---

33 馮友蘭説：「天有五義：曰物質天、主宰天、運命天、自然天，及義理之天。」見馮著《中國哲學史》（上海：上海書店，1990），頁55。

34 傅佩榮，《儒道天論發微》（台北：學生書局，1985），頁273、274。

35 傅佩榮，《儒家哲學新論》（台北：業強出版社，1993），頁28。

主體仍在於人，故儒家後來至宋明的發展，對於心性之內涵的闡發，較之「天」的理論更顯重要。基於此一肯定，儒家開展出以人爲中心的人文思想，而其「天」也不像墨家「天志」僅爲一客觀外在的是非標準。至於「天志」的賞善罰惡之審判性格，在儒家也將其內化於心性之中，所謂「反身而誠」（《孟子・盡心上》）、「人能弘道，非道弘人」（《論語・衛靈公》），人自有安與不安、合理與不合理的價值自覺與良知裁判，人要求自己達到完美的境界，其動力並非欲天之賞、畏天之罰的功利動機，而是在於本心實現道德價值的要求。

　　第五，就墨儒實現其理想之方法要求比較；墨家達成平亂求治，興天下之利，除天下之害的方法，即「兼相愛」，而兼愛的要點，則在於「視人若己」，雖然從其中可以推論出必先明瞭如何自愛，方可愛人；但對於「自己」與「他人」的人性共同內涵，對於施愛的人性基礎、動力根源，卻無理論上的說明。正如勞思光先生所說：「就自覺心一面著眼，（墨家）應引出『自覺心取何種方向乃能避免虧人自利』一問題。」[36]墨家兼愛思想人性理論面的不足，卻正是儒家達成其道德理想著力甚深之處。儒家的心性之學，格致誠正、存養盡性、持敬自省等修養功夫，對於內聖的方法，闡釋精微，論述宏偉。至於如何由內聖而推至外王，由修身而至齊家、治國、平天下的實效性，則又是墨家實用、功利思想精神能有所補益者。

　　是故，在比較墨家「兼愛」與儒家人文思想特質異同之

---

36 勞思光，《新編中國哲學史》（一）（台北市：三民書局，1991年六版），頁292。

後，透顯其不同層面思想的整合，是頗值得探討的課題。

四、墨家兼愛與儒家人文思想之整合

《淮南子・要略訓》說：「墨子學儒者之業，受孔子之術，以爲其禮煩擾而不說。厚葬靡財而貧民，久服喪生而害事，故背周道而用夏政。」若按此說，墨家思想似由儒家分化出來的，之所以分化則必是對原本學說有所不滿，對於其中不合理的部分加以批評、改造；因此，整合儒墨思想中的歧異，將有利於吾人在更開闊的視野下，審視兩者思想的價值，對於當代社會現實的省思及應用也能有所助益。

韓愈說：「儒譏墨，以上同、兼愛、上賢、明鬼，而孔子泛愛親仁，以博施濟眾爲聖，不兼愛哉？孔子賢賢，以四科進褒弟子，疾沒世而名不稱，不上賢哉？孔子祭如在，譏祭如不祭者，曰我祭則受福，不明鬼哉？儒墨同是堯舜，同非桀紂，同修身正心，以治天下國家，奚不相悅如是哉？余以爲辯生於末學，各務售其師之說，非二師之道本然也。孔子必用墨子，墨子必用孔子，不相用，不足以爲孔墨。」（《韓昌黎集・讀墨子》）由此看來，儒墨兩家有許多相似、相通之處；是可加以整合的。其中雖有部分思想分化歧異，但從兩家相異之處整合，可收互補相成之效；若從兩者相通之處整合，則可強化某些觀念與範疇的內涵與重要性，進而拓展儒墨思想的深度、廣度，有利於兩家各自進一步的發展。

首先，墨家「兼愛」的普遍性、平等性可與儒家等差親疏

之愛相整合，而避免人際間的不平等或某些社會上的特權存在。如所謂「父爲子隱，子爲父隱，直在其中矣。」（《論語‧子路》）儒家這種「直」的思想倘若是道德上所允許並鼓勵的，那麼這種被客觀化的私愛，則正是墨家所排斥的「虧人而自利」——天下亂因。事實上，「直」這種價值觀，已在歷史上的許多斷獄判例中，被引爲根據，如：某人私匿其爲殺人犯之子，而可因父子關係獲判無罪。（《通典‧六十九卷》）另西漢薛宣之子爲其復仇殺人，廷尉也基於《春秋》之義，以父見謗而發忿怒，無他大惡，改棄世之罪爲輕刑。（《後漢書‧薛宣傳》）此外在《孟子》也記載了孟子對於舜處理其不仁之弟象，與其他有罪者方式不同的看法，而說：「仁人之於弟也，不藏怒焉，不宿怨焉，親愛之而已矣。親之欲其貴也，愛之欲其富也。封之有庳，富貴之也。身爲天子，弟爲匹夫，可謂親愛之乎？」（〈萬章〉）如此說明舜愛其弟的差等之別，難怪萬章會問：「象至不仁，封之有庳，有庳之人奚罪焉？仁人固如是乎？在他人則誅之，在弟則封之？」（〈萬章〉）由此可見，在情與法、在愛親與愛民不能兼顧的兩難中，孟子的抉擇是儒家「親親爲大」的價值觀。

等差親疏之愛雖有其合理、合情之處，但若將之客觀化地植於當代的法治社會，則明顯可見其嚴重弊病。因此，儒家人文思想之仁愛，在道德抉擇上應與兼愛整合，使兼愛的平等性、普遍性融入其中，如《墨子‧尙賢上》所謂：「不義不富，不義不貴，不義不親，不義不近。」使愛有公平、合理的根據。

等差親疏之愛的思想，立基於封建宗法制度，若從兼愛、仁愛的相同處觀之，兼愛也仍含有某些宗法性，〈兼愛中〉說：「君臣不惠忠，父子不慈孝，兄弟不和調。」這是墨家所認爲的天下之大害，另在〈尙同中〉，墨子也將天下之亂歸因於：「無君臣上下長幼之節，父子兄弟之禮。」墨家的「兼愛」雖具有反對舊有宗法關係的意向，但卻也含蘊著：孝悌、忠惠等宗法道德內容，與儒家的仁愛思想並非絕然不容。

　　其次，儒家人文思想中的心性論，對於人性爲善的肯定可與墨家兼愛思想的人性觀點相整合。整體而言，墨家思想並未對人性內涵有較爲深入的探討，或專論的篇章，但從兼愛、交利的思想引申，可以推論出墨家肯定人性是「趨利而避害」，並且肯定人人皆有自利之心，人爲得賞畏罰而順於天志兼愛，又由於人必知如何愛利己身，故可轉化爲愛人利人，再由墨子論孝親來看「即必吾先從事乎愛利人之親，然後人報我以愛利吾親也」（〈兼愛下〉），其愛利別人之親的動機是相信別人必然因此會愛利我之親，亦即人性會相感互應的。然而，如何從自私自利轉化爲愛人利人？人何以能先愛別人？何以能互相感應，及兼愛交利的動力爲何？這些都是墨家兼愛思想在人性理論上猶待建構者。

　　而孟子的性善論正可補墨家人性論的不足，孟子四端說對「惻隱、羞惡、辭讓、是非之心人皆有之」的肯定，在一定程度上回應著上述的問題，由自私而愛人乃因惻隱之「仁」、羞惡之「義」；能先愛而互感交利則在於辭讓之「禮」與是非之「智」。而「兼愛」的動力則可循實現人本性之善，來建構理

論。

　　另一方面，孟子的性善論，從「今人乍見孺子將入於井」證明惻隱之心人皆有之的例子來看，所謂「非所以內交於孺子之父母也，非所以要譽於鄉黨朋友也，非惡其聲而然也」（〈公孫丑上〉），由人性所發動的「惻隱之心」顯然已經超越了狹隘的血緣關係、等差之愛，而朝向人類之愛了。孟子雖曾大力駁斥墨子兼愛思想，但做爲儒家人文思想核心的「性善論」卻透露了「兼愛」的精神。

　　第三，墨家「兼愛」的依據「天志」與儒家性善論的根據「天」亦宜整合。在墨家，「天志」作爲兼愛的根據，是得福避禍的保證，如果現實上，行義未能避禍，兼愛未能得福，則從功利的觀點，「天」的最高權威性將有可能動搖。在儒家則不然，天理人道通而爲一，於實踐上，除天理外，尚有不忍、不安、知恥等道德意識的自覺做保證，倘現實上行仁義道德，雖不能得福避禍，但能安於良心，則其雖不能全面實現道德理想，但仍不會動搖其「天」形上根據之超越意義。

　　但另一方面，儒家天人關係中，「天」的義理性過於強調內在化於人之心性中，以致將人能實現道德價值的主動性視爲絕對，原本的超越根據「天」，在天人合德的思想下，反而對「天」的客觀性有所忽略，甚至將「天」的作爲視爲被動，如蔡仁厚說：「天人合德則是從道德實踐上說，這裡的主動權是在人而不在天。天之繼續降命以眷顧人，乃取決於人是否盡性

修德。人盡性修德，天就一定降命。」[37] 如此看來，天之降命的必然性是依賴著人心性本體自主自發的絕對主動性，於是「天」的特性、內涵、作爲也內化於人的主觀認定中，使人堅執道德主體中之「天理」，再由之轉化出來的外在世界則是道德化的宇宙觀，如陸象山所謂「宇宙便是吾心，吾心即是宇宙」（《象山先生全集·卷三十六》）。而此點正是墨家「天志」的客觀標準「義」可與之整合的。在墨家的天人關係中，「天」是獨立於人之外，人爲了趨利避害，更求公利而行義、兼愛以符合人格化天志的客觀標準。由於其他自然萬物本於客觀的天，因此自然萬物的價值就不是主觀的道德意識所能總攬的。也因此，後期墨家可以在主客對立的觀念下開展出他們在認識論和自然科學上的成果。唐君毅說：「吾人承認欲謀中國今後人文精神之發展，必須肯定人嚮往『超人文境界』之宗教，與人研究『非人文之自然』之科學之價值，並肯定自由社會及民主政治之保障人權與表現人格平等之價值。」[38] 此言甚是。墨家「兼愛」思想正兼具「超人文之宗教」與「非人文之自然」雙重性格之雛形，而人格的平等性更是兼愛思想所強調，是故儒墨「天」觀念的整合，也正是中國今後人文精神之發展的合理趨勢。

　　第四，墨家「兼愛」與儒家人文思想所標舉的理想，有許

---

37 蔡仁厚，《儒家思想的現代意義》（台北：文津出版社，1987），頁339。

38 唐君毅，《中國人文精神之發展》（台北：學生書局，1974年再版），頁44。

多共通之處，墨家兼相愛以興天下之利的理想是：「以兼爲正，是以聰耳明目相與視聽乎？是以股肱畢強，相與動宰乎；而有道肆相教誨，是以老而無妻子者，有所侍養以終其壽，幼弱孤童之無父母者，有所放依，以長其身。」（〈兼愛下〉）孟子則說：「老吾老以及人之老；幼吾幼以及人之幼；天下可運於掌。」（〈梁惠王上〉）又說：「老而無妻曰鰥，老而無夫曰寡，老而無子曰獨，幼而無父曰孤，此四者，天下之窮民而無告者。文王發政施仁，必先斯四者。」（〈梁惠王下〉）這種富於人道的社會理想與墨家的「兼愛」理想實在相差無幾。再看儒家的經典《禮記・禮運》說：「故人不獨親其親，不獨子其子，使老有所終，壯有所用，幼有所長，鰥寡孤獨廢疾者皆有所養。」這些理想都含有普遍、平等的兼愛精神，因此，墨家的興天下之利，與儒家治國、平天下的理想其實是十分相似的。

　　但在另一方面，墨家所追求的是有實效的「公利」，而儒家所嚮往的則是精神生命不斷提升的「止於至善」。實際改善人民生活之利，除心志的確立（志），另更要求實際的效果（功），爲要達到切實的公利，必須肯定一「實然人」而非「理想人」，這種「實然人」則必須對人的「形軀我」之價值有所肯定，墨家所謂「生，刑（形）與知處也」（〈經上〉），生命是有形體、有知覺、心物合一的存在，故除「認知我」外，必以形軀我的某種需求滿足爲導向，肯定實然之人皆有自私之欲、自利之心，從而針對人物質生活的基本需求設法提供滿足。儒家則較肯定人「德性我」之價值，將其理想寄託於道德，對於

個人物質欲望的滿足斥責甚厲，而有「義利之辨」，盼以道德感召來解決社會問題與危機。但墨家兼愛思想除也有道德觀念外，更以「實利」爲訴求；儒家重視應然之價值，墨家重視實然之需求，兩者整合將有助於共同理想之實現。正如傅偉勳所說：「儒家有見於正面心性的結果，倡導人人努力成德成聖的我所云『最高限度的倫理道德』；無見於負面心性的結果，漠視了『最低限度的倫理道德』之重要性。……儒家獨特的『道德理想主義』不預先鋪設『最低限度的倫理道德』踏板，一下子就要越級高唱『最高限度的倫理道德』，實與講求規律恪守，與功利效益的現代社會倫理形成一道鴻溝。」[39] 墨家兼相愛、交相利的功利思想，其造境不若儒家人文思想之高超卓越，其天志的超越根據之理論亦不夠堅實，但其同時關照實然與應然、理論與實踐、心志與實效的思維方式，將有助於儒家轉化過於理想而難以普遍落實於當代功利社會之難題。

　　第五，現今的世代，功利思潮瀰漫，甚至個人私利爲先的價值觀充斥人心，衍生許多家庭、社會問題；受到政治、經濟、科技發展等因素影響，傳統倫常關係已有了結構性改變，單從傳統思想中的某一學派智慧，因應此一變局，不如以整合性的思考對治更爲有效。基於此，本節以墨家兼愛與儒家人文思想作局部性之整合；我們認爲「愛」是解決人類問題的必要條件，雖然有「愛」未必能解決所有問題，但沒有「愛」卻不能徹底解決有關「人」的問題，沒有「愛」也必然導致人類社

---

39 傅偉勳等，《儒家倫理與經濟發展・儒家思想的時代課題及其解決線索》（台北：允晨文化公司，1987），頁33。

會更嚴重的問題。

儒、墨兩家都有「愛」的思想，甚且有「人類全體之愛」的內涵，相應於各自的體認，對於「愛」有不同的理解與詮釋，儒家人文思想的基本關懷是：怎樣活才有意義？人應怎樣活才能實現人之所以爲人的價值。墨家則是：怎樣活才能滿足人的需要？人應怎樣活才能有效的滿足人類眞正的需要？總結前述各項，墨家「兼愛」與儒家人文思想的整合要點如下：

(1)以墨家「兼愛」的普遍性、平等性轉化儒家仁愛的等差親疏之別，使「愛」的實踐在每一不同關係的對象上，避免因私愛而廢公利。

(2)以儒家人文思想中的「性善論」充實墨家「兼愛」之人性理論，進一步建構兼相愛、交相利的人性內涵。

(3)以儒家既內在又超越的「天」轉化墨家兼愛思想所根據的功利性之天人關係；並以墨家客觀、主宰性的「天志」弱化儒家人文思想中，對「人」過度偏重的天人關係。

(4)墨、儒的最終理想，不論是興天下之利，或參贊天地之化育；不論是公利或至善，皆足以成爲今日人類共同的理想。但在此一理想境界的人是心、物合一的人，是物質需要與精神生活平衡發展的人，是能實現人之所以爲人的道德價值，也能有效滿足人類整體公利之需要的太平之世。

第六章
墨學研究的現代意義與展望

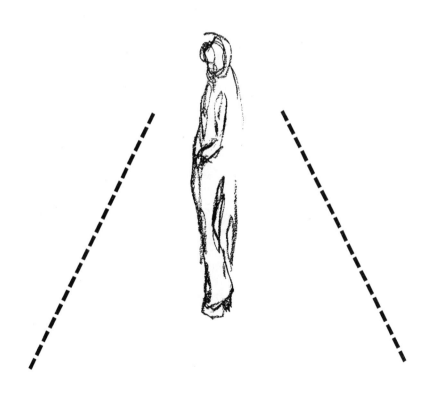

第一節　墨學之理論結構與思想特性

理論之所以爲理論，在於理論建構者尋索出變化現象中的理則，並且能系統地用語言文字表達出來。因此，理論的構成，包含下列一些基本要件：

(1)對於所觀察到的現象之描述。

(2)解釋現象中事物間的因果關係。

(3)處理或解決在現象中所發現的問題。

(4)推測現象中事態的未來發展。

依此四要件爲準，墨學之理論結構確實含括著這些層面。就描述的現象特性來看，墨學涉及政治、經濟、倫理、教育、自然科學及軍事各領域。在政治方面，如〈尚同〉、〈尚賢〉等篇，描述了古時民無正長的亂象，人民在聖王、暴王統治下的生活狀況。在經濟方面，如〈節用〉、〈節葬〉等篇，描述了王公大人奢侈浪費、厚葬久喪之情況，及在食、衣、住、行、喪葬上力行節約之做法。在倫理方面，有〈天志〉、〈兼愛〉等篇，描述天厚愛萬民，天下起於不相愛的亂象及人無所逃於天之賞罰。在教育方面，如〈所染〉、〈貴義〉等篇，描述了歷史中許多人物受環境中他人的影響，及在各種情境中的義行。在自然科學方面，如〈經上、下〉、〈經說上、下〉等篇，描述了許多物體的運動、光影的變化現象，及幾何、數學

上的抽象思考等。在軍事方面，如〈備城門〉、〈備高臨〉等篇，生動地描述攻城防禦的各種狀況及轉射機、連弩車等軍事器械的運用情形。

墨學理論所描述的現象，是從社會中大多數的下層群眾的觀點與切身感受立論，如〈非樂上〉云：「民有三患，饑者不得食，寒者不得衣，勞者不得息。」故其思想以滿足廣大的平民生活需要爲念，欲興天下之利，除天下之害。其所形構的現象整體涉及國家所處的各種狀態，如〈魯問〉所說的：「凡入國，必擇務而從事焉。國家紛亂……國家貧……國家憙音湛湎……國家淫僻無禮……國家務奪侵凌。」並且這些所描述的現象也呈現出一種待解決的問題型態。

其次，在《墨子》的許多篇章中，可見其所掌握現象中事物間的因果關係，及對於所見問題提出解決之道。例如做爲原因或理由的「故」，在《墨子》中共出現四百一十多次，[1] 在許多篇章裡有同樣的發問形式，如「是其故何也？」（〈尚賢上〉、〈兼愛中〉、〈天志下〉）「此其何故也？」（〈尚賢中〉）「此何故也？」（〈非攻上〉）等等，墨子主張「識其利、辯其故」（〈兼愛中〉），所謂「辯故」就是分析現象的因果聯繫。至於各篇章之間也有其一定的因果關係，以下以問答的方式表述：

(1)天下之所以亂的根本原因爲何？因天下之人虧人而自利。

(2)如何治天下之亂？使天下人兼相愛、交相利。

---

1 孫中原，《中國邏輯學》（台北：水牛出版社，1993），頁45。

(3)如何兼相愛？愛人之身（室、家、國）若其身（室、家、國）。

(4)為何必須兼相愛？愛人利人乃順天之意。

(5)倘不順天意如何？反天意者，別相惡、交相賊，必得罰。

(6)誰來執行賞罰？鬼神或聖王。

(7)聖王憑何賞罰？尚同於天，以尚同為政。

(8)為政之本為何？尚賢。

(9)為政之目的為何？國富、民眾、刑治、興利除害。

(10)何以致國家之富？節用、節葬、非樂、非命……。

　　由此可見墨學理論所掌握的問題型態與解決之道。但上述僅舉其大要，在許多主要問題之間，如：天下之亂象為何？天下何以會亂？如何治天下之亂？如何實際改善社會大眾的生活？等等，前述第二章第四節已處理了其間不同層次的問題，而構成墨學的思想系統。

　　再者，就墨學理論在預測未來事態發展的這個層面，往往是其對於所提出解決之道的普遍性與超越時空性的一種肯定。也就是在墨學材料中的一些必然判斷，如子墨子言：「天下之人皆不相愛，強必執弱，富必侮貧，貴必傲賤，詐必欺愚，凡天下禍篡怨恨，其所以起者，以不相愛生也。」「夫愛人者，人必從而愛之，利人者，人必從而利之；惡人者，人必從而惡之，害人者，人必從而害之。」（〈兼愛中〉）「貧家而學富家之衣食多用，則速亡必矣。」（〈貴義〉）「必」是「盡」，「盡」

是「莫不然也」。「必」就一定論域說，有全稱的意義，還有規律的意義。[2] 這就將墨學中的理論指向了未來，肯定其解決之道在未來仍然有效，及事態因果關係的必然性。

此外，就三表法第一表觀之，「有本之者」乃上本於古者聖王之事。所謂聖王之事，墨子是指三代聖王能修身，能親士，能尚賢事能，能節用、節葬，能非樂、非命，而且能尊天、敬鬼，愛利萬民。[3] 三表法既做為墨家思想行為的標準，當然也有其超越時空的價值，既以古者聖王之事做為現在的標準，就墨家來看必然也適合於未來。不過，墨學對於歷史變動的思考仍有其靈活性，〈經說上〉：「二必異。」〈經下〉：「堯之義也，生於今而處於古，而異時，說在所義二。」指出了「名」的時間性與過程性，堯之「義」古今已有所不同。

就理論的基本要件在墨學中的呈現來看，墨學的思想特性包含著：(1)強調理論與實際密切聯繫，尤其與國家的治亂、人民生活的福祉密切關聯。嚴靈峰先生說：「墨子的全部思想，並沒有含著形而上的神秘氣息，而且對一切問題都是從社會的實際生活中尋求解決。」[4] 在〈經上〉論知識種類的最後一種即「為知」，「為」即是「志行」，[5] 也就是將理論的知識予以自覺的實踐；(2)墨學理論掌握現象中的因果關係，兼具

---

2 孫中原，《中國邏輯學》（台北：水牛出版社，1993），頁247。

3 王讚源，《墨子》（台北：東大圖書公司，1996），頁86。

4 嚴靈峰，《墨子簡編》（台北：商務印書館，1995年二版），頁25。

5 〈經上〉81：「知、聞、說、親、名、實、合、為。」〈經說上〉：「知，傳授之，聞也。方不瘴，說也。身觀焉，親也。所以謂，名也。所謂，實也。名實耦，合也。志行，為也。」

人文性與科學性，其所觀察的現象不僅有許多是與人有關事態的因果關係，如墨學十論的內容，其中也包含許多純粹、精確的自然科學對象上的因果關係，如《墨經》中光學、力學、物理學、幾何學等相關內容；(3)其理論的人文性與科學性有所融合。以科學的方法解決人文的問題，以人文的精神導引科學知識的發展。如引用法儀、三表法做為思考言談的標準，以科學的技術來製作民生必需的各種工具。又如為實踐兼愛以利民的思想來發展科學的工藝技術或軍事工程。因此，墨學在相當程度上反映了社會現實，並從其中的因果關係反省出因應之道，其思想之理論性強，同時，其學說也具備科學與人文精神。

第二節　墨學統合科學精神與人文價值的現代意義

今日，我們生活在一個科技昌明的時代，科學文化已然成為國際性文化。

所謂科學，是對某一種領域之對象，探求其中因果關係的知識系統，在此系統內運用可靠的方法，以發現符合此一知識體系整體的真理，進而形成關於此對象之一般法則或普遍觀念。科學就其為某一支派的學問而言，必定有其特定的範圍。就方法而言，對於各種不同領域的科學可依研究對象的特殊需要，設計其研究方法，但方法操作者必須隨時保持客觀中立的態度。現代的自然科學則往往被要求使用嚴格的邏輯或數學性

的演繹步驟來從事理論建構。而且必須運用有組織、有效控制的實驗過程,來從事經驗資料的收集,因理論建構必須有經驗實例佐證;此外,理論建構所完成的知識系統必須是完整的,亦即在此知識體系內的一切科學命題皆須邏輯的相關。換句話說,科學也就是全體融貫的真命題之總稱,並且科學的理論在某一範圍內,不僅解釋世界,也改造、影響此一世界。「綜合來說,『科學』可以用以指示一種有系統地獲致知識的方法、活動和結果。」[6]

在科學的視野中,世界是不依賴人和人的主觀意識而存在的,科學視野把作為觀察者的「我」,排除在「我」所觀察到的世界之外,因此,科學精神所表現的主要特質,就是在態度上儘量保持客觀、不專斷、不妄斷,在方法上儘量合乎理性的要求,有一定的合理標準,按照邏輯程序推斷事理。

墨學的科學精神正表現在這種科學的態度和方法上。王讚源先生歸納墨子的科學精神有:「當而不可易」、「無徵不信」以及作為合理標準的「法儀」。[7]〈公孟〉載:子墨子與程子辯,稱於孔子。程子曰:「非儒,何故稱於孔子也?」子墨子曰:「是亦當而不可易者也,今鳥聞熱旱之憂則高,魚聞熱旱之憂則下,當此雖禹湯為之謀,必不能易矣,魚鳥可謂愚矣,禹湯猶云因焉。今翟曾無稱於孔子乎?」這種「當而不可易」的心態,正是就事論事、實事求是的科學精神。此外,〈非命〉

6 沈清松,《解除世界魔咒》(台北:時報文化出版公司,1984),頁31。

7 王讚源,《墨子》(台北:東大圖書公司,1996),頁251-254。

所提出的「三表法」：本之者、原之者、用之者，也都有一定
的可經驗性、可檢證性，〈明鬼下〉子墨子曰：「天下之所以
察知有與無之道者，必以眾人耳目之實，知有與亡爲儀者
也。」此也強調出「信而有徵」、「無徵不信」的可經驗性科
學對象的特徵。再者，〈法儀〉云：「天下從事者不可以無法
儀，無法儀，而其事能成者無有也。雖至士之爲將相者皆有
法，雖至百工從事者亦皆有法。百工爲方以矩，爲圓以規，直
以繩，正以縣，平以水，無巧工不巧工，皆以王者爲法。巧者
能中之，不巧者雖不能中，放依以從事，猶逾己，故百工從事
皆有法度。」法儀也就是墨子所把握的合理標準，這標準具有
客觀性、普遍性和必然性。法儀的建立，也是墨學科學精神的
表現。

　　就科學的方法而言，墨學中許多科學思想在《墨經》之
中，其建構理論的方法包括：體系定義法、相對取捨法、分合
併用法、分類例證法及擴充觀察法，[8] 此於第三章第三節已有
所論述。所謂體系定義法是指將認知對象抽象爲概念形式，再
以連鎖的概念定義形成一些概念體系，如〈經上〉的：盡、同
長、中、圓；間、有間、次、櫻等之概念體系。相對取捨法則
是在某一情境中的相對狀況，取其一捨其一的處理方式。如
〈經說上〉的：損、始、窮等去存、有無的相對取捨。分合併
用法則是先對某一狀況加以分析，然後就所分析各部分的組合
來說明所欲表達的概念，例如〈經上〉對時空的定義爲：

---

8 李賢中，〈墨經中自然科學的思想方法〉，《哲學雜誌》，28期，1999
　年5月，頁47-52。

「久，彌異時也」、「宇，彌異所也」，〈經說上〉：「久，古今旦莫」、「宇，東西家南北」即是。所謂分類例證法，則是對所要說明的概念，分析成幾種狀況，再分別就這些狀況以舉實例的方式加以說明，如《墨經》中「動」、「止」的條文，將「動」分爲移動、轉動和振動。將「止」分爲有久與無久再加以說明。至於擴充觀察法，則對於某一類現象的觀察，觀察者除被動的觀察之外，也主動地調整現象中的事物，而對現象中的狀況做更多的推演與擴大，例如〈經下〉、〈經說下〉論及光學的問題，就是以擴充觀察法來做的實驗記錄，從比較簡單的光、影關係，到物、光、影、重影及凹凸面對光影反射的影響與變化。

　　墨學的科學精神不僅表現在態度和方法上，從《墨經》中自然科學思想的發問型態，更可見其超越時空的價值，如第三章3.31至3.38的八種發問型態。《墨經》的思考方式即使在今日的科學研究中，仍不斷被提出。

　　就先秦各家思想觀之，墨學是最具有科學精神的一家，但是並不因此就貶抑或忽視其人文的精神與價值。所謂「人文」在西方可指一種實踐的科學，如倫理學、政治學，也稱爲人文科學（human science）。其次，做爲一種主義和世界觀而言，「人文」指人文主義（humanism）。[9]基本內涵是肯定人類存在的價值，重視人的地位和尊嚴。在中國，「人文」一辭，最早見於《易傳·賁卦象辭》：「觀乎天文以察時變，觀乎人文以

9 沈清松，《解除世界魔咒》（台北：時報文化出版公司，1984），頁
　203-204。

化成天下。」程傳云：「人文，人之道也。……人文，人理之倫序，觀人文以教化天下，天下成其禮俗，乃聖人用賁之道也。」可見「人文」乃以「人理之倫序」爲其內涵。中國的人文精神也肯定了人存在的價值，如《尚書‧泰誓》「惟人萬物之靈」，然而，人存在的價值乃在其理想性的完成，終極的完成乃著眼於天下，「人文」則是教化天下的理則。在中國，對於人存在價值的肯定並不因此而否定天或貶抑天；在儒家，人存在價值的彰顯乃是能「與天地合德」（《易傳》），能「參贊天地之化育」（《中庸》）。在墨家則是「順天之志，兼相愛，交相利，行天所欲之義，除天下之害，興天下之利」。因此這種人文精神是在敬天、順天的前提下，確立人的存在定位後所肯定的人之存在價值。

墨學所肯定的人文價值即是「兼愛」思想。兼愛的對象不受到過去、現在、未來的限制，也不受空間的限制。「兼愛」是超越時空限制，乃對全人類的愛。墨子摩頂放踵，身體力行實踐「兼愛」，並以「兼愛」思想轉化人們的自利心，從專愛己身轉化爲愛人若己，由主動地先愛對方，而得交相利的結果。〈兼愛中〉：「夫愛人者，人亦從而愛之；利人者，人亦從而利之。」又如〈兼愛下〉：「必吾先從事乎愛利人之親，然後人報我以愛利吾親也。」

爲何天下之人都值得被愛？此互動而互利的「兼愛」，其根據即來自「天」無私的愛，這是墨子效法的對象，「兼愛」也成爲墨學的核心思想。

其實「天」的內涵在各家各派有許多不同的把握與主張，

但「天」在「人」之上，則是大多數思想家的看法。墨學將「天」視為有意志的神明，有欲惡、能賞罰，而「天」與人的關係是「愛」，且是基於整體之大愛、公義之愛，故「天」有賞有罰。墨學對於「人」的肯定包括：人是可以感通「天志」，人與人之間可以相互感通，人有超越一己私愛之能力，人應該效法「天」之愛，順從天所欲之「義」，兼愛全人類且須切實實踐。基於對人類整體之愛，因此墨學中的思想都與廣大人民的生活福祉有關。不論在態度、方法和發問型態上，其科學精神皆與其兼愛的人文價值有關。其所建構的理論，在描述的現象、解釋其因果關係，及所處理或解決的問題，皆與「人」密切相關。

　　《墨子》書中多處顯示其自然科學思想的目的，是在改善人民大眾的生活。〈魯問〉說：「公輸子削竹木以為鵲，成而飛之，三日不下，公輸子自以為巧。子墨子謂公輸子曰：『子之為鵲也，不如匠之為車轄。須臾斲三寸之木，而任五十石之重。故所謂功，利於人謂之巧；不利於人謂之拙。』」由此可見，墨子對於科技的發展並非僅是為認識而認識，為創新而創新，墨學統合了科學精神與人文價值，使科學的發展乃是為人類幸福而效力。

　　當然，這種統合也不意謂著人文價值就高於科學價值；因為人文與科學都是人類文化的一部分，都是「人」生活的不同層面，墨學在這二者的統合是建立在對人的定位上，「人」在「天」之下，而向「天」追求，人是有限的，而向無限開展，屬人的種種往往是相對的，但卻契向絕對的至真、至善、至

美。因「人」而有意義的科學與人文都必須向更高、超越的「天」懷有崇敬，在不同的時代裡繼續詢問「天」深奧而豐富的內涵，使科學與人文彼此交融。

近年來，整個社會的潮流呈現重科技、輕人文的失衡發展，就是研究科學技術的「人」，已經將科學發展的成果取代了「天」的地位，相信科學萬能，因而為全人類帶來莫大的災難。如環保問題不僅是全球性的，且延伸向未來，這正違反著兼愛的精神。是故，墨學統合科學與人文的現代意義，就是「人」應再次反省人與天的關係，以及人在宇宙中存在的地位。

第三節　墨學在中華文化整體發展上的現代意義

中華文化基本上是以儒家文化為主體，並融合釋、道的境界文化型態。這種文化型態肯定人人皆可成佛、成聖，人人皆有達成理想的可能性；但這種理想往往是一種主觀的心靈境界，而忽視了外在客觀結構與主觀理想性的互動關係。就儒家而言，認為人們只要具備道德自覺，就可以由內聖而外王，只要格、致、誠、正，就可修、齊、治、平。事實上，許多社會現實問題，如：教育、政治、經濟、外交、國防等各層面的複雜問題，絕不是單純的道德自覺就能夠解決，也不是崇高的道德境界，就足以在現實的社會中發揮引人向善的教化作用。然而，傳統儒家道德情境自我完足的世界觀，將「學」限制在成

聖成賢的狹小範圍內，將「知」限於德性之知，雖然主張「窮理盡性」、「格物致知」，但這並非真正探究客觀外在事物之知，而是指向人自身的道德實踐功夫。勞思光先生指出：「儒學本身內在問題就根源處說，即是『道德心』對『認知心』之壓縮問題，倘就文化生活一層面說，則是：智性活動化爲德性意識之附屬品，因而失去其獨立性之問題。至其具體表現則爲：知識技術發展遲滯、政治制度不能進展、人類在客觀世界中控制力日見衰退。」[10]

中華文化中，儒家挺立德性我的堅持、有爲、剛毅，道家則相應有清靜、無爲、守柔的轉化平衡作用；在道家方面，其基本意向是在豁顯「情意我」的自由，追求自我的超越境界，故對外以冷智靜觀，對內以清虛自守。其世界爲一觀賞之對象，世界上的各種變化，在道家看來，全然皆是「道」之顯現，因此世界不論如何變，皆無作價值選擇之餘地，所謂「人法地，地法天，天法道，道法自然」（《老子·二十五章》）。人須法道之自然無爲，破除執著，才能超越人世間的種種束縛，看破生死，感通人我，獲得自我超越性的自由。再者，佛教思想則視此世界爲虛妄，千萬法門，本旨不外捨離世界以求主體之超離自由，以佛教詞語來說，即「脫生死海，證大涅槃」。此種捨離世界之觀點乃爲「否定世界」之態度。[11] 不論道家

---

10 勞思光，《新編中國哲學史·三上》（台北：三民書局，1993年七版），頁6。

11 勞思光，《新編中國哲學史·三上》（台北：三民書局，1993年七版），頁52。

的觀賞世界，或釋家的否定世界，都可收攝入主體內在的心靈
境界，亦即客觀外在的世界究竟如何是一回事，人對此世界所
採取的態度則是另一回事，而作為主體的人才是真正賦予此一
世界之意義的根源。因著主體特質的不同而呈現出不同的世
界，因著這些世界的不同，使人採取不同的對應態度。因此境
界型文化型態的弱處，乃在自我完足或內在觀念一致的體系
下，缺乏對於客觀世界的探究動力與達成目標的有效方法。墨
學之思維型態兼具價值理性與工具理性，正可補充境界型文化
型態之不足。

　　境界型文化型態的行事原則基本上是以價值理性為主，亦
即其所注重的是一個最終目的、最後價值的實現，而對於單一
行動的結果並不特別關注；而以工具理性為主的行事原則，行
動者的考慮純粹以效果最大化為唯一原則，亦即其著重「手段
與目的」之間的關係，作為行動的基礎，因此一件行為的出發
點就是，如何採用最為有效的方法來達成目的。[12] 墨學的創
始者墨翟在宣揚其「兼愛」、「非攻」思想時，不僅有許多理
論上的辯護，同時也有許多具體有效的手段來阻止各國之間的
侵略戰爭，如〈公輸〉止楚攻宋的故事就是典型的例子，公輸
般為楚王發明了雲梯準備攻打宋國，墨子聞訊，連趕十天十夜
至楚國見公輸般，指其義不殺少而殺眾的錯謬，並在楚王面前
與公輸般實際推演攻防戰況，公輸般九設攻城之機變，都被墨

---

12 顧忠華，《韋伯學說新探》（台北：唐山出版社，1992），頁94。工
　具理性（instrumental rationality）亦稱目的理性。

子從容阻擋，公輸般技窮欲殺墨子而不言，墨子胸有成竹向楚
王說：「公輸子之意，不過欲殺臣，殺臣，宋莫能守，可攻
也。然臣之弟子禽滑釐等三百人，已持臣守圉之器，在宋城
上，而待楚寇矣，雖殺臣，不能絕也。」楚王曰：「善哉！吾
請無攻宋矣。」墨子不但有崇高的理想，也有具體有效的手段
來達成目的，並以實力做後盾，實踐其兼愛非攻的理想。

在經濟方面，除了節用、節葬、非樂的思想外，在〈經下〉
有：「買無貴，說在反其價。」〈經說下〉：「買：刀糴相為
價，刀輕則糴不貴，刀重則糴不易。王刀無變，糴有變，歲變
糴，則歲變刀，若鬻子。」這是說明穀價與幣值相互消長的關
係，官府發行的錢幣，幣值一定，但穀價則隨歲收的豐歉而有
漲跌，官府的因應之道是適當的變更輕錢、重錢的發行量，以
調節穀價。由此可見，在解決現實經濟問題方面，墨學已能從
貨幣與物價的關係上，掌握貨幣供給額來解決。

此外，在興天下之利、除天下之害的大原則下，墨家製作
許多農具、器械，軍事上許多防禦的戰車、兵器，及生產技術
上的一些工具，如運用槓桿原理的桔槔機、轆轤、滑車等等，
皆可以看到墨家的思維型態不僅限於價值理性，而對達成階段
性目的的工具理性已相當發達。此與墨家同時的儒、道、法各
家比較，將工具理性所發展出的科學技術視為「小道」、「末
作」而不屑為之的態度相比，實有極大的不同。李紹崑先生
說：「若以今日大學各院系的教材來說明孔、墨兩門的科系內
容，則孔門的教材都屬於文學院，而墨門的教材則分屬於文學

院、哲學院和科學院。」[13] 這是李先生三十多年前的看法，相當生動的比較出墨學內容的寬廣，若以當今的大學科系來看，軍事學院、理工學院、管理學院，甚至法學院的課程也都與墨門的教材有關。倘再從中華文化整體發展的觀點來看，墨學之法儀、三表法等客觀化、規範化之特質，重視在客觀世界的實際生活，及兼具價值、工具理性之取向，正可爲傳統文化注入新的生命力，值得學術界做進一步之研究。

第四節　墨學與全球倫理

聯合國國際文教處於一九八九年二月七日至十日在巴黎舉行研討會，由德國神學家孔漢斯（Hans Küng）主講，研討的主題是：「沒有宗教間和平就無國家間和平」。之後，於一九九二年間，由於孔漢斯負責起草宣言，並經由不同的宗教學者、專家的參與和修正，於一九九三年八月二十八日至九月四日，於芝加哥舉行的世界宗教會議上，發表了「全球倫理宣言」，開始了一個推展「全球倫理」的運動。

全球倫理的提出乃是有見於當今世界正處於重大的危機中，包括經濟、生態、政治各方面。「在地球上，成千上萬的男女正遭受失業、赤貧、饑餓、家庭破碎的煎熬。而且數目不斷竄升。世界和平的希望已不知不覺從我們身邊溜走。兩性之

---

13 李紹崑，《墨子研究》（台北：現代學苑月刊社，1968），頁86。

間及兩代之間的問題愈來愈緊張。孩子們在殺人和被殺中，不斷死亡。許許多多的國家因政治及商業的腐敗，人心惶惶。鑑於社會、種族、倫理的衝突，濫用藥物，結構性的罪惡，甚而至無政府狀態，使得我們愈來愈難和平共處。就算比鄰而居的兩家人，也彼此懼怕。地球的資源被繼續無情地搶掠，生態環境的崩潰威脅著我們的安危。」[14]

兩千四百多年前，中國的戰國時代，墨子所見的天下亂象是：「逮至昔三代聖王既沒。天下失義，諸侯力正。是以存夫為人君臣上下者之不惠忠也，父子、兄弟之不慈孝弟長貞良也。正長之不強於聽治，賤人之不強於從事也。民之為淫暴、寇亂、盜賊，以兵刃、毒藥、水火，退無罪之人乎道路率徑，奪人馬車、衣裘，以自利者並作。由此始，是以天下亂。」（《墨子・明鬼下》）兩千多年前後的人類處境對比下，我們似乎不得不承認，有人的地方就有紛爭，有人的地方就必然產生問題，並且，隨著時間的進行，天下的亂象是每下愈況，隨著人類文明的發展，世界的動亂也愈發嚴重、愈顯複雜。墨子所觀察到的各種亂象，就其主要原因即在於人人自愛而虧人自利。如〈兼愛上〉：「父自愛也，不愛子，故虧子而自利；兄自愛也，不愛弟，故虧弟而自利；君自愛也，不愛臣，故虧臣而自利。是何也？皆起不相愛。雖至天下之為盜賊者亦然。盜愛其室，不愛異室，故竊異室以利其室；賊愛其身，不愛人，故賊人以利其身。此何也？皆起不相愛。雖至大夫之相亂家，

---

14 孔漢斯、庫雪爾著，何麗霞譯，《全球倫理》（台北：雅歌出版社，1996），頁19。

諸侯之相攻國者亦然。大夫各愛其家不愛異家,故亂異家以利
其家;諸侯各愛其國,不愛異國,故攻異國以利其國,天下之
亂物,具此而已矣。察此何自起?皆起不相愛。」針對此一亂
因,墨子提出了「兼愛」的思想;其具體的方法即「愛人若
己」。

　　然而,兩千多年後的有識之士,則提出了「全球倫理」之
理念。誠如《全球倫理》序言中所言:「今天再沒有人會懷
疑,經由政治、科技、經濟、文明所塑造的世界,正需要一個
世界倫理,也就是一個有約束力的價值觀、終極的理想、以及
個人態度的基本共識。一個社會若沒有基本倫理共識,早晚會
遭受到脫序或獨裁的威脅。沒有全球倫理,全球秩序也不會得
到改善。」[15] 全球倫理的基本要求是以人道精神對待每一個
人。這與孔子所說「己所不欲,勿施於人」,和墨子「愛人若
己」的兼愛精神是相貫通的。

　　我們或許未必同意提倡「兼愛」的思想就能解決天下之亂
象的問題;我們或許仍然會懷疑提出「全球倫理」的理念就能
恢復全世界的秩序;但是對於面對問題而提出解決方案的這種
態度與努力是值得肯定的。在終極的效果上,我們或許不敢有
太過理想化的奢望;但是,在解決問題的過程中,「兼愛」與
「全球倫理」的提出、提倡、具體的實踐,及理論的修正、深
化,必然可以喚起有識之士的共鳴,而在正視問題意義上,有
助於使人類接近「解決亂象,恢復秩序」的最後目標。

---

15 孔漢斯、庫雪爾著,何麗霞譯,《全球倫理》(台北:雅歌出版社,
　1996),頁9。

特別是，這兩個跨越時空的解決方案有其共同的關懷，其思考的視域，都及於全天下的人，其解決方案的基本要求都是「待人如己」，因此，當我們在省思「全球倫理宣言」的內涵時，很自然地會反思古代墨學的「兼愛」思想在倫理方面，有何深邃的智慧是可資運用於解決今日的問題？

　　全球倫理的內容並不是一種全球的意識形態，或是一種超越所有現存宗教的宗教。而是指「對於有約束力的價值觀、不可改變的準繩、個人的態度的基本共識。」[16]其基本要求在於：應以人道精神對待每一個人。這種人道精神的原則是數千年歷史傳統所尋獲並持守的：「己所不欲，勿施於人！若以正面表達，則是：己所欲，施於人。」[17]此一金科玉律不僅在孔子的《論語》中出現，在佛教、基督教、伊斯蘭教、耆那教、印度教的經典中也都曾出現，可見它是人類共同的行為準繩。當然，墨家「兼愛」倫理的「愛人若己」也是與此精神相通一致的。

　　全球倫理在人道精神的基本要求下，有四個必要準則，分別是：

(1)建構非暴力及尊重生命的文化。
(2)建構團結一致且具有公正經濟秩序的文化。
(3)建構互相包容及具有真誠生活的文化。

---

16 孔漢斯、庫雪爾著，何麗霞譯，《全球倫理》（台北：雅歌出版社，1996），頁22。
17 孔漢斯、庫雪爾著，何麗霞譯，《全球倫理》（台北：雅歌出版社，1996），頁24。

(4)建構兩性之間具有平等權力和夥伴關係的文化。

以上四個準則分別要建構的理想文化，究其實是出自《聖經》十誡中有倫理意涵的四誡：不殺、不盜、不妄、不淫的現代闡釋。其中不可殺人的肯定方式表達即：尊重生命，此乃與墨家的「生」及「非攻」的倫理原則相通。不可偷盜也就是誠實公平的交易，此乃與墨家「義」的原則及正利的精神相通。而不可撒謊的正面表達就是：誠實的言行，此與墨家「信」的意蘊相合。至於不可姦淫的正面表達就是：彼此相愛、彼此尊重，這也正是墨家「兼相愛、交相利」、「愛人若己」精神的展現。然而，這不殺、不盜、不妄、不淫的四誡乃是出於《聖經‧出埃及記》中上帝的誡命，其中有：「神吩咐這一切的話說：……不可殺人、不可姦淫、不可偷盜、不可作假見證陷害人。」[18] 對比於《墨子‧天志上》：「天欲義而惡不義。」〈法儀〉：「天必欲人相愛相利，而不欲人之相惡相賊。」以及在〈天志中〉墨子也說：「天之意不欲大國之攻小國也，大家之亂小家也，強之暴寡，詐之謀愚，貴之傲賤，此天之所不欲也。不止此而已，欲人有力相營，有道相教，有財相分也。又欲上之強聽治也，下之強從事也，……則君臣上下惠忠，父子弟兄慈孝。」由此可見，全球倫理與兼愛倫理的價值根源，都同樣來自超越於萬有的「神」或「天」。而其價值準則也彼此相通，精神相合。

然而，義理的相通、精神的相合，能否有助於不同民族對

18 出埃及記第二十章，第一節及十三至十六節（香港：聖經公會，1984）。

於這些原則的理解、持守，及在實踐上的約束力？此一方面有賴於不同文化對於全球倫理在自家文化的融通與吸收。另一方面也需要全球倫理吸納各文化中，可以普遍化的倫理質素而充實其基本內涵。也就是說，全球倫理是在與各區域文化倫理多方溝通、彼此互動的辯證過程中，逐漸成形的。

全球倫理並非一已完足的「普遍倫理」，沈清松教授曾提出「可普化倫理」（universalizable ethics）的概念來代替「普遍倫理」，他指出：「每一倫理傳統愈是能『普化』，也就是經由溝通而被更多其他傳統所接受，也就更有價值。即使每一文化傳統彼此皆有差異，終究能透過相互溝通而展現自家文化傳統中的可普化因素。」[19]

墨家「兼愛」倫理的可普化因素為何？必須透過「墨家」倫理學的構思方得呈現，亦即兩千多年前的「兼愛」思想是如何提出？如何與不同學派的辯論、溝通，又如何落實於先民生活的各方面予以學理上的考察，才能夠逐漸呈現。本書第四章「《墨子》兼愛倫理學」已作出理論化的嘗試，本節則將之運用於全球倫理的視域，提供其可普化的因素，及其可普化的方法學進路。

首先，以天志為根源的價值論，關涉不同宗教間的對話。墨家本身並不能視為一種宗教，雖然墨團的一些表現十分有宗教團體的特徵，但畢竟沒有經典、入教禮或其他相關生活教條

---

19 沈清松，〈全球化、可普化及宗教交談〉，《中國哲學與全球倫理國際學術研討會論文集》（台北：東吳大學哲學系，2000年5月20、21日），頁36。

的宗教性；由於全球倫理的形成與宗教間的對話有關，而宗教信仰是一個人或一個民族心靈最核心的部分，由此核心所開展出的世界觀、人生觀、倫理觀、價值理念各不相同，因此相互間的對話是十分不易的事。孔漢思《世界倫理構想》一書中提到：「沒有世界倫理，則人類無法生存。沒有宗教之間的和平，則沒有世界和平。沒有宗教間的對話，則沒有宗教和平。並且，不進行宗教基礎研究則沒有宗教對話。」[20] 墨家哲學的「兼愛」思想，以天志爲根源的價值論，正是類似的基礎研究，凸顯兼愛倫理的核心部分，提出其基本的信念。如此，以使較深入的「對話」成爲可能，也提供「全球倫理」在各文化中可普化質素的參考選項，或增強超越根源之質素的可普化性。

其次，就「情境認識論」而言，透過情境構作、情境處理，與情境融合的認識歷程，將有助於對不同文化的理解，進而提供「對話」的條件。沈清松教授認爲可把「語言外推」（linguistic strangification）、「實踐外推」（pragmatic strangification）與「本體外推」（ontologic strangification）等三種外推方法，推展到宗教交談領域。「語言外推」指每一宗教傳統應可以用另一個宗教傳統可以了解的語言，說出自己的主張，即使這過程會有不可避免的意義流失。「實踐的外推」，是將自己的信仰設身處地置於另一宗教產自的社會脈

---

20 孔漢思著，周藝譯，《世界倫理構想》（香港：三聯書店，1996），目錄頁5。

絡。至於所謂「本體外推」，本意是指經由實在本身的迂迴，進入另一「微世界」、「文化世界」與宗教傳統。[21] 其中由於語言的表達正是呈現表達者所構作的情境以及在該情境中表達者的反應，而被表達者也要透過語言再次構作其所能了解的情境，進而對情境中的人、事、物賦予意義，才能夠有某種程度的了解，進而使不同的情境有所融合。因此，情境認識論將有助於不同宗教或不同文化的相互了解。

再者，就倫理實踐的歷程來看，終極的價值根源，其內涵及精神是不變的。但落實在具體情境的道德實踐所依循的原則則是相對而有彈性的。這些並非絕對不變的原則，即所謂「中程原理」；而推類的方法論就關涉此中程原理的建構。

古代中國人將宇宙萬物加以分類，深信「類不悖，雖久同理」（《荀子·非相》），同類之物皆可推類，而「類」的區分關鍵則在於對宇宙萬物加以辨識命名，所以《墨子·經說上》云：「推類之難，說在『名』之大小。」在墨家兼愛倫理中的生、愛、仁、義、利、忠、孝、信等「名」皆爲道德實踐的原則，也相當於所謂的「中程原理」，例如：「忠」相對於「兼愛」而言即爲一「中程原理」，此一德目會因時代環境的改變而改變，在古代由於君主代表國家，君主的安危關涉國家的穩定及全國百姓之安危，因此「忠」君的根源意義就是愛民，再擴大來看即爲「兼愛」。但時至今日，所謂「忠」的對象就不

21 沈清松，〈全球化、可普化及宗教交談〉，《中國哲學與全球倫理國際學術研討會論文集》（台北：東吳大學哲學系，2000年5月20、21日），頁51。

再是國君，而是人民、民意，更擴大來看即是對全人類的「盡
己之心」了。

　　由上述的對比，我們認爲墨家「兼愛」的倫理思想，可將
其視域擴展於全球倫理更細緻的許多層面；而當代全球倫理之
內涵，也可參酌墨學「兼愛」倫理思想的理論建構，予以充
實、完善。

第五節　墨學研究的重振與展望

　　墨學自墨子原創而盛顯，秦統一六國，結束了百家爭鳴的
諸子之學，墨學亦遭禁止。西漢初年，文禁鬆弛，墨學稍有復
甦，然漢武帝接受董仲舒之議，罷黜百家，獨尊儒術，墨學被
統治者視爲異端邪說，加以排斥。魏晉時，學者尙清談，善名
理，墨家思想才又受到人們重視。西晉人魯勝作《墨辯注》一
書，遭亂遺失，現僅存其序。從魯勝以後至清初的一千三百年
間，墨學處在幾乎無人研究的冷落局面中，直到清中葉，至乾
嘉之世，墨學的研究才又逐漸有所復興，並先後出現了一批著
名的墨學家，整理、注釋和研究墨學。其中孫詒讓集諸注家之
大成，其《墨子閒詁》至今仍然是較好的原文版本。[22]孫詒
讓將明正統《道藏》本《墨子》跟畢沅校本、明吳寬寫本、顧
廣圻校本、日刻本等互相校勘，參考綜合畢沅、蘇時學、王念

---

22 孫中原，《中國邏輯學》（台北：水牛出版社，1993），頁 344-346。

孫、王引之、張惠言、洪頤瑄、俞樾、戴望等人的注釋成果，以很大功力撰就《墨子閒詁》一書，俞樾稱：「自有墨子以來，未有此書。」（《墨子・序》）[23]

至二十世紀初期，研究墨學而較有影響者有梁啓超、胡適等人。梁啓超有《墨子微》、《墨子學案》、《墨經校譯》等書刊行，分門別類的闡述墨學中的政治思想、知識論、邏輯和自然科學等內容，並特別推崇墨家的邏輯學。胡適早年接觸西方學術文化，一九一〇年赴美留學，其博士論文，自署中文副題「先秦名學史」，後擴充修訂爲《中國哲史大綱》（卷上），墨學部分占其中近三分之一篇幅。胡適認爲：「強調經驗，重視科學方法，用歷史觀或發展觀看問題，是西方現代哲學的最重要貢獻，而這些都能在前五至前三世紀偉大的非儒學派中，找到遙遠而高度發展了的先驅。」[24]他同時斷言，中國哲學的未來有賴於非儒學派的復興。

縱觀墨學自初創至二十世紀初，沈寂的時間長，發展的時間短；被當政者排斥的多，而接受的少，一個民族文化的生命力，往往在於其所具有的適應力，而文化適應力的強弱，則在於其文化內涵的多元化、豐富性與把握理念的普遍性。時代不斷進步，社會不停變化，如果一種文化內涵是多元而豐富的，當遭遇其他不同文化時，自有一套協調的觀念系統、規範系統、表現系統和行爲系統與之對應，並且，此文化內涵所把握

23 孫詒讓，《墨子閒詁》（台北：華正書局，1987），前言頁2。
24 孫中原，〈否及泰來，絕學再興 ── 論四百年來的墨學研究〉，《墨子研究論叢》（二）（山東：山東大學出版社，1993），頁597。

的理念——其終極信仰的部分，也有高度的普遍性，能深入人心，歷久不衰，則此一文化必有雄厚的力量迎接其他文化的衝擊與挑戰。在不同文化的互動中，其文化內層結構與元素必較穩定而不會出現失序、脫序現象，如此，這種文化才可在不失其主體性的情況下不斷創新發展，生生不息。

　　近世，在西方文化與科技文明的衝擊下，在有識之士的提倡、鼓吹下，二十世紀的墨學研究開始日益發展，原本以校注為主的研究方式，也逐漸轉向義理上的深究，評述墨學思想的論著也慢慢增多。取材方面，或以墨子十論分類論述，或由近代學術之倫理、政治、經濟、教育、軍事、宗教等領域分科論析；在研究方法上，五〇年代的大陸學者常套用階級分析法和唯物、唯心的框架來研究墨學；文化大革命十年，學術研究被迫停止，墨學也不例外；七〇年代末，墨學的研究較能具體的實事求是，不過總的特點，仍是以馬克思主義為指導分析評論墨學占主導地位。[25]

　　在台灣方面，五十多年來墨學研究的內容，涉及一些考證的問題、墨經分析，及重要概念如兼愛、天的探究；在教育、文化方面，分科、分類的範疇解析。另有一特點，就是將墨學與中西各家思想的比較研究，比較的對象在西方有：亞里士多德的自然哲學、邏輯學，《聖經》中的博愛思想，希伯來文化中的上帝觀念等；在中國有儒、道、名、法家，佛教、道教，及與諸子之比較等也都有相關探討之論文。

---

25 譚家健，《墨子研究》（貴陽：貴州教育出版社，1995），頁374-375。

台灣學者在研究的方法上，歸納其要，有：統計比較法、範疇整理法及架構對比法。[26] 統計比較法是針對墨學中的一些重要概念或範疇，如「天」、「故」等以統計的方式比較其在整個思想體系中與其他概念的關係與重要性，提供研究者在進行解釋時的根據。其次，範疇處理法是針對墨學中的基本範疇，就其範疇的相對獨立性，自成一小體系的分析研究。如〈天志〉與〈明鬼〉相應於宗教思想，〈尚賢〉、〈尚同〉相應於政治思想，〈節用〉、〈節葬〉相應於經濟思想等等。再者，架構對比法是採用已十分系統化的理論架構為標準，依此既定的架構或觀念範疇為單元，從墨學中找出相應的思想內容來加以對比，由於原本的架構已有其系統性，故在研究的成果上也可呈現墨學思想的系統性。細部來看，架構對比法容易忽略掉墨學理論超出現有學術各科架構的內涵。範疇整理法對於墨學內部理論的梳理雖有提綱契領之助力，但對於墨學的發展及視域的擴大則效力不足；至於統計比較法則不能單獨使用，還需配合其他的研究方法。本書第二章則嘗試以新的研究方法，呈現墨子思想的基本結構與擴展。

　　一九九一年在山東滕州成立了全國性的墨子研究學會，至二〇〇一年八月已召開第五次墨學國際研討會議，《墨子研究論叢》也出版至第五冊。位於墨子出生地，山東省滕州市的墨子研究中心也於今年（二〇〇三年）與北京中央圖書館合作，出版《墨子大全》前五十冊，將清代以前所有《墨子》相關版本收錄其中。台灣方面，在史墨卿、王讚源教授等有心之士的

26 參見本書第一章第三節。

推動下，也有不少學者投入墨學的研究，海峽兩岸及國際上的墨學學者，匯集共同的力量重振墨學，已在二十一世紀形成共識。

　　墨學的重振，主要是在研究心態、目標與方法上的調整。首先，在研究心態上，雖然我們應該發揚墨學，但任何理論都有其不足或缺失，對此我們應加以批判，修正其思想之缺失，諸如：三表法的不當運用，以「原之者」定「命」之有無，忽視文化藝術活動的社會效益而非樂，尚同思想在實踐上可能步向極權政治，以及過度苦行禁欲的弊端，都是我們在研究墨學時不能迴避，而應加以辨析修正的。

　　其次，在研究墨學的目標上，我們應針對當前社會環境的實際需要，把握墨學的精神與原則，提出一些具體可行的方案，諸如：如何將兼愛精神落實於現代生活？如何在更大的視野下，精確指出交相「利」的內涵？墨家的科學精神與思維方式，如何融入現代教育？「天」的意涵如何與中國傳統的終極信仰相融通？以及如何創造性詮釋墨學，使之能夠描述、解釋社會現象，並解決當代相關層面的問題。因此，在總目標上，就是如何透過現今的學術發展與研究成果，來深化墨學理論，擴展其理論結構，增大其實踐範圍。

　　再者，我們也應對過去研究墨學的方法與方式加以反省，以往帶有某種固定的意識形態，或主觀的先見去研究墨學，容易限制研究者以預設的原則、框架去尋找材料與觀點，這對墨學的客觀理解是不利的。西方的學術發展與成果，固然有許多值得我們借鏡之處，但若全盤搬用地對照套解墨學，所得到的

結論往往是：把墨家的觀念學說當做印證西學的實例，或者是證明西學在中國是「古而有之」。如此，大大地限制了墨學在近代文化整合過程中所能發揮的作用。

此外，在研究方式上也宜採多人合作研究的方式，而捨單打獨鬥式的個別研究；因為個人的精力畢竟有限，資訊的蒐集也不易完整，若能夠有科際整合的研究團隊，透過成員各自不同的專長，從多面向的角度入手研究墨學，彼此交換最新的學術資訊，如此，將更有效加速推動墨學的發展。

展望二十一世紀墨學研究的發展，將在中華文化的發展歷程中扮演更積極的角色，提供更有力的貢獻。

參考書目

一、《墨子》原典與注釋

1. 孫詒讓，《墨子閒詁》（台北：華正書局，1987）。

2. 嚴靈峰，《無求備齋墨子集成》（台北：成文出版社，1977）。

3. 孫詒讓撰，孫啓治點校，《墨子閒詁》（北京：中華書局，2001）。

4. 馮成榮，《墨子兵學及備城門以下十一篇之新注新譯》（台北：馮同亮書坊，1997）。

5. 孫以楷、甄長松，《墨子全譯》（成都：巴蜀書社，2000）。

6. 李漁叔，《墨辯新注》（台北：商務印書館，1966）。

7. 李漁叔註譯，《墨子今註今譯》（台北：商務印書館，1974年初版，1988年六版）。

8. 王冬珍、王讚源校註，《新編墨子上、下》（台北：國立編

譯館，2001）。

9. 譚戒甫，《墨經分類譯注》（台北：中華書局，1981）。

10. 周云之，《墨經校注‧今譯‧研究——墨經邏輯學》（蘭州：甘肅人民出版社，1993）。

11. 高晉生，《墨經校詮》（台北：世界書局，1981）。

二、墨學專著

1. 方孝博，《墨經中的數學和物理學》（北京：中國社會科學出版社，1983）。

2. 方授楚，《墨學源流》（台北：中華書局，1966）。

3. 王冬珍，《墨子》（台北：商務印書館，1999年更新版）。

4. 王冬珍，《墨學新探》（台北：世界書局，1980年初版排印本）。

5. 王冬珍編著，《墨子思想》（台北：正中書局，1987）。

6. 王寒生，《墨學新論》（民主憲政雜誌社，1953）。

7. 王讚源，《墨子》（台北：東大圖書公司，1996）。

8. 史墨卿，《墨學探微》（台北：學生書局，1978年再版）。

9. 史墨卿，《墨學散論》（高雄：復文圖書出版社，2002）。

10. 伍非百，〈大小取章句〉，《中國古名家言》（北京：中國社會科學出版社，1983）。

11. 何洋，《墨家辯學》（海口：南海出版社，2002）。

12. 李永義，《墨：苦行與救世》（廣東人民出版社，1996）。

13. 李紹崑，《墨子研究》（台北：現代學苑月刊社，1968）。

14. 李紹崑，《墨子：偉大的教育家》（台北：商務印書館，1989）。

15. 沈有鼎，《墨經的邏輯學》（北京：中國社會科學出版社，1980）。

16. 邢兆良，《墨子評傳》（南京：南京大學出版社，1993）。

17. 周長耀，《墨子思想之研究》（台北：中華倫理科學教育協會，1974）。

18. 姚振黎，《墨子小取篇集證及其辯學》（台北：文史哲出版社，1978）。

19. 孫中原，《墨學通論》（瀋陽：遼寧教育出版社，1993）。

20. 孫中原主編，《墨子與現代文化》（北京：中國廣播電視出版社，1998）。

21. 孫中原，《墨者的智慧：墨子說粹》（北京：生活·讀書·新知三聯書店，1995）。

22. 孫廣德，《墨子政治思想之研究》（台北：中華書局，1971）。

23. 秦彥士，《墨子新論——一個獨特的文化學派》（電子科技大學出版社，1994）。

24. 秦彥士，《墨子考論》（成都：巴蜀書社，2002）。

25. 徐希燕，《墨學研究》（北京：商務印書館，2001）。

26. 崔清田，《顯學重光——近現代的先秦墨家研究》（瀋陽：遼寧教育出版社，1967）。

27. 張家鳳，《墨子民生經濟思想》（文化大學出版部，1981）。

28. 張斌峰，《近代《墨辯》復興之路》（太原：山西教育出版社，1999）。

29. 黃省三，《墨子思想新探》（台北：萬卷樓圖書有限公司，1995）。

30. 陳孟麟，《墨辯邏輯學新探》（台北：五南出版社，1996）。

31. 陳癸淼，《墨辯研究》（台北：學生書局，1977）。

32. 陳問梅，《墨學之省察》（台北：學生書局，1988）。

33. 傅維斌，《墨子兼愛思想在教育上之意義》（台北：業強出版社，1990）。

34. 馮成榮，《墨子生平及其教育學術之研究》（台北：文史哲出版社，1976）。

35. 馮成榮，《墨子行教事蹟考》（台北：文史哲出版社，1980）。

36. 馮成榮，《墨子思想體系研究》（台北：馮同亮書坊，1997）。

37. 黃世瑞，《墨家思想新探》（台北：文津出版社，1993年）。

38. 楊俊光，《墨子新論》（南京市：江蘇教育出版社，1992）。

39. 楊俊光，《墨子研究》（南京市：南京大學出版社，2002）。

40. 楊寬，《墨經哲學》（台北：正中書局，1959）。

41. 楊向奎，《墨經數理研究》（濟南：山東大學出版社，

1993）。

42. 詹劍峰，《墨家的形式邏輯》（湖北人民出版社，1979）。

43. 劉繼華，《墨子》（台北：錦繡出版社，1993年再版）。

44. 蔡仁厚，《墨家哲學》（台北：東大圖書公司，1978年初
　　版，1983年再版）。

45. 閻崇信，《墨子大取篇校譯》（台北：文史哲出版社，
　　1977）。

46. 閻崇信，《墨子非儒篇彙考》（台北：文史哲出版社，
　　1983）。

47. 譚宇權，《墨子思想評論》（台北：文津出版社，1991）。

48. 譚作民，《墨辯發微》（台北：世界書局，1979）。

49. 譚家健，《墨子研究》（貴陽：貴州教育出版社，1995）。

50. 嚴靈峰，《周秦漢諸子知見書目》（台北：正中書局，
　　1977）。

51. 嚴靈峰，《無求備齋選集·經子叢書第十冊》（台北：中華
　　書局，1983）。

52. 嚴靈峰，《墨子知見書目》（台北：學生書局，1969）。

53. 嚴靈峰，《墨子簡編》（台北：商務印書館，1968年初
　　版，1995年二版）。

54. 鐘友聯，《墨家的哲學方法》（台北：東大圖書公司，
　　1976年初版，1981年再版）。

55. 鄭杰文，《二十世紀墨學研究史》（北京：清華大學出版
　　社，2002）。

56. 張知寒主編，《墨子研究論叢》 第一卷（濟南：山東大學

出版社，1991）。

57. 張知寒主編，《墨子研究論叢》第二卷（濟南：山東大學
出版社，1993）。

58. 張知寒主編，《墨子研究論叢》第三卷（濟南：山東人民
出版社，1995）。

59. 王裕安主編，《墨子研究論叢》第四卷（濟南：齊魯書
社，1998）。

60. 王裕安主編，《墨子研究論叢》第五卷（濟南：齊魯書
社，2001）。

三、相關著作

1. 孔漢思著，周藝譯，《世界倫理構想》（香港：三聯書店，
1996）。

2. 孔漢斯、庫雪爾著，何麗霞譯，《全球倫理》（台北：雅歌
出版社，1996）。

3. 王冬珍，《名墨異同考異》，1969打字油印本。

4. 王克喜，《古代漢語與中國古代邏輯》（天津：天津人民出
版社，2000）。

5. 史向前、陸建華，《墨子外傳·墨子百問》（合肥：安徽人
民出版社，1997）。

6. 伍非百，《先秦名學七書》（台北：洪氏出版社，1984）。

7. 朱世凱，《墨經中的邏輯學說》（四川人民出版社，
1988）。

8. 佛洛姆（Erich Fromm）著，孟祥森譯，《愛的藝術》（台北：志文出版社，1981）。

9. 吳汝鈞，《佛學研究方法論》（台北：學生書局，1983）。

10. 吳怡，《中國哲學的生命和方法》（台北：東大圖書公司，1981年初版，1984年再版）。

11. 吳進安，《孔子之仁與墨子兼愛比較研究》（台北：文史哲出版社，1993）。

12. 李約瑟著，陳立夫主譯，《中國之科學與文明（二）》（台北：商務印書館，1973）。

13. 李賢中，《先秦名家名實思想探析》（台北：文史哲出版社，1992）。

14. 杜而未，《中國古代宗教研究》（台北：華明書局，1959）。

15. 杜保瑞，《基本哲學問題》（北京：華文出版社，2000）。

16. 沈清松，《解除世界魔咒》（台北：時報文化出版公司，1984）。

17. 周云之，《名辯學論》（瀋陽：遼寧教育出版社，1996）。

18. 周玉蕙，《從現代學術論墨學》（台北：東大圖書公司，1991）。

19. 房龍（Hendrik Willem van Loon, 1882-1944）著，迮衛等譯，《寬容》（*Tolerance*）（台北：志文出版社，1998）。

20. 林火旺，《倫理學》（台北：五南圖書出版公司，1999）。

21. 林火旺編著，《倫理學》（台北：國立空中大學，1997）。

22. 金吾倫，《當代西方著名哲學家評傳三〈庫恩〉》（山東：

新華書店，1996）。

23. 姚思源，《墨子大傳》（天津：天津人民出版社，1999）。

24. 韋政通，《中國哲學辭典》（台北：水牛書局，1986）。

25. 唐君毅，《中國人文精神之發展》（台北：學生書局，1974年再版）。

26. 孫中原，《中國邏輯學》（台北：水牛出版社，1993）。

27. 徐復觀，《政治與學術之間》（台北市：中央書局，1957年再版）。

28. 馬來平，《哲學與文化視野中的科學》（南寧：廣西人民出版社，1991）。

29. 張立文，《中國哲學邏輯結構論》（北京：中國社會科學出版社，1989）。

30. 張豈之主編，《中國思想史》上、下冊（台北：水牛出版社，1992）。

31. 張曉芒，《先秦辯學法則史論》（北京：中國人民大學出版社，1996）。

32. 張鐵軍，《三民主義與儒墨正名思想》（台北：三民主義研究所，幼獅經銷，1967）。

33. 張懷承，《無我與涅槃——佛家倫理道德精粹》（長沙：湖南大學出版社，1999）。

34. 陳文團，《政治與道德》（台北：台灣書局，1998）。

35. 陳雪良，《墨子答客問》（上海：上海人民出版社，1997）。

36. 陳漢生（Chad Hansen）著，周云之、張清宇、崔清田等

譯，《中國古代的語言和邏輯》（北京：社會科學文獻出版社，1998）。

37. 傅佩榮，《儒家哲學新論》（台北：業強出版社，1993）。

38. 傅佩榮，《儒道天論發微》（台北：學生書局，1985）。

39. 傅偉勳，《學問的生命與生命的學問》（台北：正中書局，1998）。

40. 傅偉勳等，《儒家倫理與經濟發展‧儒家思想的時代課題及其解決線索》（台北：允晨文化公司，1987）。

41. 勞思光，《中國哲學史》第二卷（香港：中文大學崇基學院，1980）。

42. 勞思光，《新編中國哲學史》（台北：三民書局，1981年初版，1991年六版）。

43. 湯一介，《郭象與魏晉玄學》（中和：谷風出版社，1987）。

44. 項退結，《中國哲學之路》（台北：東大圖書公司，1991）。

45. 項退結編譯，《西洋哲學辭典》（台北：國立編譯館，1976）。

46. 馮友蘭，《中國哲學史》（上海：上海書店，1990）。

47. 馮耀明，《中國哲學的方法問題》（台北：允晨，1989）。

48. 溫公頤，《先秦邏輯史》（上海：上海人民出版社，1983）。

49. 《聖經－新舊約全書》（香港：聖經公會，1984）。

50. 董志鐵，《名辯藝術與思維邏輯》（北京：中國廣播電視出

版社，1998）。

51. 蔡仁厚，《儒家思想的現代意義》（台北：文津出版社，1987）。

52. 謝德三，《墨子虛詞用法研究》（台北：學海出版社，1984）。

53. 羅光，《中國哲學大綱》上冊（台北：商務印書館，1952）。

54. 顧忠華，《韋伯學說新探》（台北：唐山出版社，1992）。

四、期刊論文

1. 方蕙玲，〈喪葬儀式功能初探〉，《東吳哲學學報》，6期，2001年4月。

2. 王文發，〈近代的墨學復興：一八七九～一九三七〉，師大碩士論文，1973。

3. 王冬珍，〈墨子之教育理念〉，《東方雜誌》，復刊14卷1期，1980年7月。

4. 王讚源，〈墨子的方法論〉，師範大學，《教學與研究》，14期，1992年6月。

5. 史墨卿，〈中國歷代墨子論文索引〉，《書目季刊》，17卷1期，1983年6月。

6. 史墨卿，〈墨子天論〉，《中華文化復興月刊》，5卷7期，1972年7月。

7. 成中英，〈中國哲學中的方法論詮釋學——非方法論的方法

論〉（台灣大學哲學系「中國哲學之方法研討會」，1990年5
月）。

8. 李閏華，〈臨終關懷中兒童與青少年喪親者之輔導概念〉，
《應用倫理研究通訊》，8期，國立中央大學哲學研究所應用
倫理學研究室，1998年10月。

9. 李賢中，〈中國哲學的方法問題〉，《東吳哲學學報》，3
期，1998年4月。

10. 李賢中，〈墨子思想的基本結構與擴展〉，第四屆墨學國際
研討會論文（山東滕州1999.8.18-20）。

11. 李賢中，〈墨家「兼愛」與儒家人文思想之整合〉，《東吳
哲學學報》，4期，1999年4月。

12. 李賢中，〈墨經中自然科學的思想方法〉，《哲學雜誌》，
28期，1999年5月。

13. 李賢中，〈墨辯思維方法探析〉，第五屆墨學國際研討會論
文（北京2001.07.16-18）。

14. 李賢中，〈易傳思想方法探析〉（輔仁大學「海峽兩岸學術
研討會」論文，1993年9月）。

15. 李賢中，〈倫理情境與類推思維探析〉，《哲學與文化》，
27卷9期，2000年9月。

16. 李賢中，〈從墨家觀點看生死問題〉，《社區發展季刊》，
96期，2001年12月。

17. 李賢中，〈寬容與兼愛〉，《哲學與文化》，308期，2000
年1月。

18. 李賢中，〈墨子兼愛思想的理論與實踐〉，《社區發展季

刊》，93期，2001年3月30日。

19. 沈清松，〈全球化、可普化及宗教交談〉，《中國哲學與全
球倫理國際學術研討會論文集》（台北：東吳大學哲學系，
2000年5月20、21日）。

20. 周若石，〈對「墨書中的天與上帝」的幾點意見〉，《恆毅
月刊》，6卷8期，1957年3月。

21. 林俊哲，〈墨子兼愛思想之研究〉，《師大國文研究所集
刊》，第20號，1976年6月。

22. 林萬義，〈墨子教育思想之研究〉，《政治大學學報》，48
期，1983年12月。

23. 范淑存，〈墨子的喪葬經濟觀與現代殯葬改革〉，《墨子研
究論叢》（二）（山東：山東大學出版社，1993）。

24. 孫中原，〈否及泰來，絕學再興－論四百年來的墨學研
究〉，《墨子研究論叢》（二）（山東：山東大學出版社，
1993）。

25. 孫長祥，〈墨子大取篇的倫理思想發微〉，《華岡文科學
報》，20期，1995年4月。

26. 袁保新，〈老子形上思想之重建〉，文化大學哲學研究所博
士論文，1983年12月。

27. 尉遲淦，〈臨終關懷〉，《應用倫理研究通訊》，8期，國
立中央大學哲學研究所應用倫理學研究室，1998年10月。

28. 許逖，〈從墨子學說的本義解釋兼愛〉，《國魂月刊》，
246號，1966年3月。

29. 許禮安，〈臨終關懷之我見〉，《應用倫理研究通訊》，8

期，國立中央大學哲學研究所應用倫理學研究室，1998年10月。

30. 郭朝順，〈大乘慈悲觀念與孟子惻隱之心之比較〉（華梵大學第三次儒佛會通學術研討會論文，1994年4月）。

31. 陳忠信，〈中國近十年墨子論文索引〉，《中國國學》，20期，1992年11月。

32. 陳拱，〈仁愛與兼愛問題疏導〉，《東海學報》，6卷1期，1964年6月。

33. 陳榮灼，〈作為類比推理的《墨辯》〉，楊儒賓、黃俊傑編，《中國古代思維方式探索》（台北：正中書局，1996）。

34. 陳維德，〈墨子之政治哲學〉，《台北市立女師專學報》，7卷，1975年5月。

35. 陳維德，〈墨子兼愛探微〉，《台北市立女師專學報》，5號，1974年5月。

36. 馮耀明，〈《墨辯》的言辯和真理問題〉，《鵝湖月刊》，14卷7期，1989年1月。

37. 馮耀明，〈《墨辯》的知識理論〉，《思與言月刊》，27卷1期，1989年5月。

38. 馮耀明，〈《墨辯》論辯說方式之限制〉，《大陸雜誌》，79卷3期，1989年9月。

39. 馮耀明，〈《墨辯》的名實觀〉，《鵝湖月刊》，14卷5期，1988年11月。

40. 聖嚴法師，〈慈悲——心靈環保的最高原則〉（環保修行：

http://www.a-mita.com.tw/libe/index-6/heart3.htm）。

41. 翟本瑞、尤惠眞，〈基督教「愛觀」與佛教「慈悲觀」的比較——宗教社會關懷的倫理基礎〉，《普門學報》，3期，2001年3月。

42. 趙淑華，〈有關「慈悲」的諸問題〉，《法光學壇》（*Dharma Light Lyceum*），1期，台北：法光佛教研究所，1997。

43. 劉宇聲，〈墨子之天道觀〉，《恆毅月刊》，5卷1期，1955。

44. 薛保綸，〈墨子的人生哲學〉，輔仁大學博士論文，1973年5月。

45. 顏炳罡，〈對立、互補、創新——從儒墨學術差異看墨學在中國文化重建中的獨特作用〉，《墨子研究論叢》（三）（濟南：山東人民出版社，1995）。

附錄：歷代《墨子》書目及版本

1. 《墨子》十五卷，周·墨翟，正統《道藏》本，影正統《道藏》本，《四庫全書》本，《四庫全書匯要》本，《四部叢刊》本，《道藏舉要》本，1989年上海古籍出版社影印本。

2. 《詁墨》一卷，漢·孔鮒，明·杭州葉氏翻宋刻《孔叢子》本。

3. 《墨辯注》四篇，晉·魯勝，佚，僅有其《墨辯注敘》存《晉書·隱逸傳》。

4. 《墨子抄》，梁·庾仲容，佚。

5. 《墨子注》三卷，隋·樂壹，佚。

6. 《墨子治要》唐·魏徵，日本鎌倉時代文水、建治年間（1264-1278）寫本，天明七年（1787年）尾張藩校刊本，日本昭和十六年（1941年）排印本。

7. 《墨子要語》一卷，唐·馬總，清乾隆三十九年武英殿聚珍本，清道光間刊《指海》本。

8. 《墨子節抄》，元·陶宗儀，明弘治九年抄本，1927年上海

商務印書館據張宗祥重校《說郛》排印本，1963年台灣新興書局影印商務印書館本，1975年台灣成文出版社《無求備齋墨子集成》影印本。

9. 《讀墨子隨識》，元‧陶宗儀，明弘治九年錄本，1927年上海商務印書館據張宗祥重校《說郛》排印本。

10.《詰墨節抄》，元‧陶宗儀，明弘治九年抄本。

11.《墨子》十五卷，清‧傅山校，盧文弨校并跋，明正統十年內府刻，萬歷二十六年印（道藏）本。

12.《墨子》三卷，清‧黃丕烈跋，明抄本。

13.《墨子》十五卷，清‧黃丕烈校并跋，明嘉靖三十一年芝城銅活字藍印本。

14.《墨子》十五卷，明嘉靖三十二年唐堯臣刻本。

15.《墨子》十五卷，明嘉靖江藩刻本。

16.《墨子類纂》一卷，明‧沈津纂，明隆慶元年含山縣儒學刊本。

17.《墨子》六卷，明‧茅坤批校，盈隆慶間童思泉刻本。

18.《墨子》六卷，明‧茅坤批校，明萬歷刻本。

19.《墨子》二卷，明‧李贄批選，明萬歷三年刊。

20.《墨子》六卷，明‧茅坤批校，徐鴻寶校，明萬歷間書林童思泉刻本。

21.《墨子刪定》一卷，明‧潛庵子纂，明萬歷五年刻（子匯）本。

22.《墨子品節》一卷，明‧陳深纂，明萬歷十九年刻本。

23.《墨子》四卷，明‧馮夢禎輯，明萬歷三十年刻本。

24. 《墨子奇賞》二卷，明・陳仁錫撰，明天啓六年三徑齋刊本。

25. 《墨子》十五卷，明・郎兆玉評，明唐策檻刻（且且庵初箋十六子）本。

26. 《墨子與墨者》一卷，清・馬驌撰，清康熙九年刻（繹史）本。

27. 《墨子》十五卷，清・紀昀等校，乾隆四十三年《四庫全書》本。

28. 《墨子》十六卷，清・畢沅注，戴望校注并跋，譚儀校，清乾隆四十九年畢氏靈巖山館刻本。

29. 《墨子》，清・畢沅注，日本天寶六年江戶松本氏重刻經訓堂本。

30. 《墨子》十五卷，清・許宗彥校，清刻本。

31. 《墨翟考》，清皖吳承恆輯，手抄本。

32. 《墨經正文解義》四卷，清・鄧云昭撰，清抄本。

33. 《墨子經說解》一卷，清・張惠言撰，孫詒讓校，清抄本。

34. 《墨子平議》三卷，清・俞樾，清刻本。

35. 《墨子雜志》六卷，清・王念孫撰，清道光十二年刻本。

36. 《墨子刊誤》二卷，清・蘇時學撰，民國十七年中華書局聚珍仿宋印本。

37. 《墨子勘注補正》二卷，清・王樹楠、吳汝綸勘正。附考定墨子經下篇，一卷，清・吳汝綸撰，清光緒十三年文莫

室刊本。

38. 《墨子閒詁》（初本一）十五卷，清‧孫詒讓撰，清光緒二十一年蘇州毛上珍聚珍本木活字本。

39. 《墨子閒詁》（初本二）十五卷，清‧孫詒讓撰，清光緒二十一年蘇州毛上珍聚珍本木活字本。

40. 《墨子閒詁》（定本一）十五卷，清‧孫詒讓撰，清宣統二年刻本。

41. 《墨子閒詁》（定本二）十五卷，清‧孫詒讓撰，清宣統二年刻本。

42. 《墨子》三卷，清‧王闓運注，清光緒三十年江西官書局刊本。

43. 《墨子》十五卷，清‧曹耀湘箋，清光緒三十二年湖南官書局排印本。

44. 《點勘墨子讀本》十六卷，清‧吳汝綸，清宣統元年衍星社排印本。

45. 《墨商》三卷，清‧王景曦撰，清宣統二年永嘉王氏刻本。

46. 《墨子引書說》一卷，清‧孫國仁撰，通州孫氏《砭愚堂叢書》本。

47. 《墨子正文解義》四卷，鄧云昭，民國二年漢安刻本。

48. 《讀墨子札記》二卷，清‧陶鴻慶，民國六年文字同盟排印本。

49. 《墨子新釋》三卷，尹桐陽，民國三年衡南學社印本。

50. 《墨子新釋》三卷，尹桐陽，民國八年起聖齋叢書排印

本。

51.《墨學五種》五卷，葉翰，晚學盧叢稿本。

《墨說要旨》。

《墨子學術起源考》。

《墨學派衍考證》。

《墨辯釋要札記》附墨辯釋詞擬目。

《墨守要義》。

52.《墨經詁義》初稿，二卷，葉翰，稿本。

53.《墨經詁義》（上編），民國九年刻本。

54.《墨經詁義》（下編）一卷，修改稿。

55.《墨經詁義》定本，二卷，葉翰，稿本。

56.《墨辯斠注初稿》一卷，葉翰，晚學盧叢稿本。

57.《墨辯斠注定稿》一卷，葉翰，晚學盧叢稿本。

58.《墨子學案》一卷，梁啓超，民國十年排印本。

59.《墨子校釋》一卷，梁啓超，民國十二年排印本。

60.《墨學微》一卷，梁啓超，民國二十五年排印本。

61.《墨辯解故》一卷，伍非百，民國十年中國大學晨光社排
印本。

62.《墨辯論文集》一卷，伍非百，民國十二年排印本。

63.《墨子大義述》，伍非百，民國二十四年新亞會排印。

64.《墨子閒詁箋》一卷，張純一，民國十一年排印本。

65.《增訂墨子閒詁箋》一卷，張純一，民國二十六年排印
本。

66.《墨學分科》一卷，張純一，民國十二年排印本。

67. 《墨子與景教》，張純一，民國十二年自印本。

68. 《墨子集解》（一）十五卷，張純一，民國二十一年排印本。

69. 《墨子集解》（二）十五卷，張純一，民國二十一年排印本。

70. 《墨子集解》十五卷，張純一，民國二十五年排印本。

71. 《新考正墨經注》，張之銳撰，民國十年河南官書局排印本。

72. 《儒墨之異同》一卷，王桐齡，民國十一年排印本。

73. 《墨子哲學》，郎擎霄撰，民國十三年排印本。

74. 《墨子精華》一卷，張之純，民國十三年《諸子菁華錄》本。

75. 《墨經綜釋》一卷，支偉成，民國十四年排印本。

76. 《墨子哲學》一卷，王治心，民國十四年南京宜春閣印本。

77. 《定本墨子閒詁校補》二卷，李笠，民國十四年排印本。

78. 《續墨子閒詁》，四卷，劉昶，民國十四年掃葉山房石印本。

79. 《墨子經濟思想》，熊夢，民國十四年北京佩文齋印本。

80. 《墨辯討論》，欒調甫，民國十五年印本。

81. 《墨子選注》一卷，唐敬皋，民國十五年排印本。

82. 《墨子考證》一卷，許嘯天，民國十五年排印本。

83. 《墨學通論》一卷，孫思仿，民國十六年排印本。

84. 《墨子哲學》一卷，蔣維喬，民國十七年排印本。

85.《墨經哲學》一卷，蔣維喬，民國二十六年正中書局排印本。

86.《墨學十論》，陳柱，民國十七年刊本。

87.《揚墨哲學》，陳柱，民國十七年商務印書館《國學小叢書》本。

88.《楊墨哲學》一卷，蔣竹庄編纂，民國十七年商務印書館本。

89.《墨經易解》一卷，譚戒甫，民國十八年排印本。

90.《墨子學辨》，胡懷琛，民國十八年自印本。

91.《墨子政治哲學》卷一，陳顧遠，民國十八年上海泰東圖書局排印本。

92.《墨經通解》五卷，張其鍠，民國二十年獨志堂排印本。

93.《墨經新釋》一卷，鄧高鏡，民國二十年排印本。

94.《墨子集解》一卷，李大防，民國二十二年《安徽大學報》本。

95.《墨子研究五篇》，衛聚賢，民國二十三年商務印書館排印本。

96.《墨經懸解》二卷，陳無咎，民國二十四年排印本。

97.《墨辯疏證》七卷，范耕研，民國二十四年排印本。

98.《墨辯新注》二卷，魯大東撰，民國二十五年排印本。

99.《白話譯解墨子》一卷，葉玉麟，民國二十五年排印本。

100.《墨子集解》，王心湛校勘，民國二十五年上海廣益書局印本。

101.《墨子辨經講疏》六卷，顧實，民國二十五年排印本。

102.《墨子拾補》，劉師培，民國二十五年排印本影印。

103.《墨學源流》一卷，方授楚，民國二十六年排印本。

104.《墨子新證》一卷，于省吾，民國二十七年排印本。

105.《墨學與抗建》，宗眞甫，民國二十九年自印本。

106.《墨經哲學》一卷，楊寬，民國三十一年排印本。

107.《墨子精華》，中華書局編，民國三十年《中國文學精華》本。

108.《墨子校注》（一）十五卷，吳毓江，民國三十二年排印本。

109.《墨子校注》（二）十五卷，吳毓江，民國三十二年排印本。

110.《墨家哲學新探》，王新民，民國三十二年福建協和大學中國文化研究會文史叢刊本。

111.《墨子》一卷，陸世鴻，民國三十六年排印本。

112.《墨子》一卷，錢穆，民國三十六年上海商務印書館《新中學文庫》排印本。

113.《墨子城守各篇簡注》一卷，岑仲勉，民國三十七年排印本。

114.《墨子引得》一卷，哈佛燕京大學引得編纂處，民國三十七年燕京大學引得編纂處《引得》特刊二十一號，橫行排印本。

115.《墨子讀本》，譚正璧撰，民國三十八年排印本。

116.《墨翟與耶穌》，吳雷川，民國三十九年上海青年協會書局印本。

117.《新校正墨經營篇》，徐延榮，民國鉛印本。

（引自《墨子大全》書目資料）。

墨學——理論與方法　　　　　　　　　Cultural Map 18

著　　　者／李賢中
出 版 者／揚智文化事業股份有限公司
發 行 人／葉忠賢
總 編 輯／林新倫
登 記 證／局版北市業字第 1117 號
地　　　址／台北市新生南路三段 88 號 5 樓之 6
電　　　話／(02)2366-0309
傳　　　真／(02)2366-0310
E - m a i l ／yangchih@ycrc.com.tw
網　　　址／http://www.ycrc.com.tw
郵撥帳號／19735365
戶　　　名／葉忠賢
印　　　刷／偉勵彩色印刷股份有限公司
法律顧問／北辰著作權事務所　蕭雄淋律師
初版一刷／2003 年 10 月
定　　　價／新台幣 320 元
I S B N ／957-818-542-1

國家圖書館出版品預行編目資料

墨學：理論與方法 / 李賢中著. -- 初版. -- 台北
市：揚智文化, 2003[民 92]
面；　公分. --　（Cultural map；18）
參考書目：面
ISBN　957-818-542-1（平裝）

1. (周)墨翟 – 學術思想 – 哲學

121.41　　　　　　　　　　　　92013076